知人 Icons

胶囊式传记 记取一个天才的灵魂

DEREK JARMAN

MICHAEL CHARLESWORTH

# 德里克·贾曼

〔英〕迈克尔·查尔斯沃思 著　黄琼瑶 译

上海文艺出版社

# 目录

# 前言

德里克·贾曼写过一系列深邃又迷人的书，包括回忆录、日记、电影评论和创作手记。所有这些都让他有机会接近一种自传形式，并在这些不同的体裁中发展他的“声音”，它们或多或少带有的实验性，让其时常介于散文和诗歌之间。尽管都是采用第一人称写作，但不能就此认为这些作品只是他日常生活简单而确凿的“流水账”。贾曼生于1942年，死于1994年，就像亚历山大·蒲柏（Alexander Pope）、叶芝（W. B. Yeats）以及许多前辈诗人那样，贾曼从事的是神话创作——一种个人神话，它着眼于一种不同的时间观念（关于后世的），并在其不同作品中展现出生活和工作上的不同侧重。对于这点，贾曼的同居恋人兼编辑凯斯·柯林斯（Keith Collins）在贾曼《以卵击石》（*Kicking the Pricks*）（1987）一书的前言中给出了读解的线索：

> 德里克对文本进行大规模的重新编辑和排序，擦掉过去的文字，颠覆性地改写，大刀阔斧地删节，只为了让血红色流淌的每一页都能在与自己以前文字的斗争中重生——再审

视和再创造是他的绘画、写作、电影和个人生命历程的典型特征。

贾曼的书是语言艺术作品，而非简单实录。这些作品展示了他不同人生阶段的想象力，想象力也在他身体中很显著地占有一席之地。因为想象力是所有创作活动的源泉，贾曼作为艺术家和诗人，拥有超强的洞察力。读者很快会注意到他会用不同的方式讲述同一事件，只有惹人反感和目光短浅的读者才会要求故事的每个版本都应该相同。新的场景要有新的表述，每一处上下文都应不同。我们可将它们看作在现代社会中种种人性本质的标记，而非贾曼的真面目之上的一堆面具。正如贾曼自己插进（确切地说，通过共鸣性的叙述声音插进）他最具自传性的作品《花园》（*Garden*）（1990）里的台词："我走上了寻找自我之路，这里有无数的路通向无数目的地。"

贾曼因其电影创作和电影史地位而闻名。其实他一生中还创作过大量绘画及各类视觉作品，包括装置艺术和三维作品。1961 到 1994 年他在欧洲、美国和日本都举办过个展，为芭蕾、歌剧、电影和戏剧做过美术设计，1979 年开始制作流行音乐宣传片［即音乐录像带（MV）］，但即便如此，相对于电影，有关这部分创作的谈论仍少之又少。他毕生发挥着自己的园艺专长，并在意想不到的地方设计了一个令人惊叹而后广为人知的花园。本书涉及他创作的

“无数条路”中的一部分，尝试回答这许多路是否通向同一个终点？是否每条路都有交点或曾并行？换句话说，如此繁杂的创作是否有概念或美学上的联系呢？

进入贾曼的世界，政治活动是其中一条路径，这与他的性取向紧密相关。本书认为，他能够坚持其有关性取向问题的政治立场，并以一种与更广泛受众更为相关和紧迫的方式表达出来，这些受众的人口比例远超过酷儿群体本身所占有的15%。在一个同性恋权利饱受争议的时代，贾曼通过撰写和发表同性恋权利的文章，获得了比他同龄人多得多的听众。通过将性问题与阶级冲突和政府问题联系起来，他成为一名非常成功的活动家，争取了更多同性恋接受者。因此（而非尽管如此），他在生命的最后8年里准备好了陷入争议。他有关阶级、政府、资本和文化生产模式的言论，更多来自其自身经历，而非意识形态或者学术立场，这些言论对异性恋来说也同样相关和重要。他关于性、性压制和性自由活动的作品也证明了这一点，一生中得到了很多人的认可。他之所以能够收获广泛的受众，也基于他在电影界之外的名声，他卓越的花园被庞大、多元但并非革命群体的园艺爱好者们所理解和接受，他们并不在乎他是否有相同的性取向。

因此，作为电影制作人的贾曼和作为酷儿运动活动家的贾曼在过去20年被广泛讨论，仅用一两个身份定义他容易一叶障目，忽略了他生命之树的繁盛。一个批评性传记的任务是记录一生，给出尽可能丰富的关于作品的评判——这些作品包括电影、文学、绘画、园艺和设计。目前，对贾曼在这些领域之贡献的关注并不均衡。实际上市面上很少有写到贾曼除了电影创作和社会活动家以外的书籍和文章，托尼·皮克（Tony Peake）在1999年出版的传记《德里克·贾曼》(*Derek Jarman*)（1999)，是一部细致入微的宏大作品，在可预见的未来，它仍将是关于贾曼生活事实的最后见证，但是它没有尝试展开有关作品的批判性分析。贾曼自己的著作为我们提供了关于他的想象力和知识分子生活的很有价值的观点，超越了皮克所确立的事实层面。本书以这些作品以及英国电影学院的贾曼档案为参考框架，从这些作品中获得对他及其美学成就的描述。

公正地评判一个拥有“吸引你站在他那边”这种特异功能的人是困难的，德里克·贾曼的大部分人生都充满力量，思想深刻，活力四射并且新意无穷。就算没有事先告知，认识他的人都会说他有“魅力”（charismatic）[1]，不过，也许这一切都不会从这本关于他的生平和作品的叙述的书中消失。

这本书在前言之后会特地将他称作“德里克”，而非他

1 “魅力非凡”(Hugely charismatic)，露丝·罗森塔尔（Ruth Rosenthal）语，作者专访，2009年7月18日；“魅力”（charismatic)，蒂尔达·斯文顿（Tilda Swinton）语，400 Blows采访；“非常迷人”（very charming)，托尼·皮克语，作者专访，2009年7月29日；“魅力”（charismatic)，安德鲁·罗根（Andrew Logan）语，作者专访，2009年8月10日；“每个认识贾曼的人都会把他当作知己”，约翰·梅伯里（John Maybury）语，《庆典》(*Jubilee*) 专访DVD。

的姓“贾曼”。德里克是他从他名字的众多前缀［迈克尔·德里克·埃尔沃西（Michael Derek Elworthy）］中为自己取的，如果不叫他“德里克”，简直没有办法像个老朋友一样跟他交谈。而且，叫他德里克也是为了从中去掉了他的父系身份，之后你会看到我这样做的充分理由。

# 1 邓杰内斯的风景

1987年，德里克保留下伦敦公寓的同时，将肯特郡最南端的邓杰内斯，建成了他的“立足之地”（place to stand）。他用他的花园让这段海岸成名。他曾一再重申，修建这个花园比拍电影和画画更重要。这个花园挑战和吸收了他的创造力。这是一件绵延的生成品而非成品，它是对他的一种回报，无关买卖，也无须评论家评头论足。“我正在建造这个花园，”他在1990年接受BBC采访时说道，“这是我最大的乐趣和快乐，能做多久就多久，它是我真正想做的事。”[1]

邓杰内斯是一个裸露、尖狎的岬角。阳光明媚时，海水是深蓝色的，风驱动着发光的海浪。蒸汽巨轮如绵绵不绝的庄严队列，从英吉利海峡驶向北大西洋。陡峭的带状海岸上，可以用鱼线和钓钩轻松地钓到深水鱼。

朝陆上看去，邓杰内斯是南部顶端的一个三角地，涵盖了高处的碎石滩和长满草的沼泽地（邓杰沼泽、瓦兰德沼泽，罗姆尼沼泽），一路延伸至这个三角地的北部边界那

---

1 德里克·贾曼：安东尼·克莱尔（Antony Clare）的电台采访，克莱尔：《在精神科医生的椅子上》（*In the Psychiatrist's Chair*），伦敦，1992，第182页。

片由海斯和拉伊[1]高低起伏的丘陵。这个方圆150平方英里的平缓地块被分成两块幅面不相等的景观：沼泽、绿色、无边草地；奈斯则是一片巨大、起伏的鹅卵石岸，几乎寸土不生。罗姆尼沼泽的传统主业是养羊，耕地也在持续增加。奈斯的传统业则是捕鱼，奈斯的岬角被海水冲刷得透亮，落潮时，海斯和拉伊之间巨大的海边沙地便会裸露出来。

奈斯的确少土，但并非一片荒地。这里大多数房子是用木头建的，一座由三部分组成的大型现代建筑——核电站——耸立在海岸线的南边，冷却塔游离在不远处。这片区域服务着一条蒸汽铁路：罗姆尼、海斯和戴姆彻奇站——一条轨距近一英尺的微型轨道，安在小型枕木上。在邓杰内斯庞大的核电站（天气晴朗时，从25英里外查林上方的北镇就能望见）和只有三分之一常规尺寸的铁路之间，视觉的比例感会凭空消失，这里没有树，没有篱笆，没有绿色的田野来重建比例标准，画家保罗·纳什（Paul Nash）曾用“海边超现实主义”（Seaside Surrealism）来形容多塞特郡的斯沃尼奇，这个词其实也很适合邓杰内斯。

1987年德里克搬进了一间四室的渔家小木屋，它建于20世纪初，不透水，可挡风雨。1992年，他又扩建了一间

---

1 邓杰和瓦兰德都属于罗姆尼沼泽的一部分。海斯（Hythe）和拉伊（Rye）为该地区两个市集小镇。（译者注）

阳光房和一间浴室。邓杰内斯的妙处之一是没有围墙——房子周围没有篱笆、围墙或树带[1]。没有树木或山丘的遮挡，每当遇到没有云的日子，太阳会终日跟你在一起。因此德里克的花园是向四周敞开的，他必须想办法和这种奇怪的环境相处，而不是与之对抗（特别是植物的选择，不仅要适合此地生长，还必须看着像是属于此地）。为了让小屋四周看起来像一个花园，他打了很多木桩，营造出一种围拢的错觉，来对抗无情的水平地景，同时也呼应了那些人造物的垂直特征，尤其呼应了灯塔和冷却塔。他还用前花园来宣示艺术，用几何形状的石头点缀他最爱的植物。因此在小屋和小路间的砾石中立有一系列或圆或方的石头，它们原本是又长又大的火山石，被海潮遗落在海滩上，经年冲刷而成，圆形或椭圆形的鹅卵石插在地上围成"篱笆"形状，石篱笆明显透着灰白色，一丛丛的罂粟、绵香菊和熏衣草伴随着草丛长在其间，在小屋窗前形成对称的布局。植物长得茂盛，看似能从密实干涸的鹅卵石滩中吸取养分，实际是德里克在鹅卵石滩下方挖出沟渠，用粪料和土壤填充，再铺上鹅卵石，维持了他的植物们的生命，同时不至于破坏邓杰内斯原本的景致。石头的造型在夏天会被盛开的花朵掩盖，而当植物在冬天枯萎，它们的构形又会重新露出。这个鹅卵石篱笆之后会拥有远超其自身体量的

1 德里克将其命名为"展望小舍"（Prospect Cottage）。（译者注）

名气。[1]

后花园是又一个地景：植物选择和组合的园艺艺术，被用来让花园看起来是自然和时间的产物，它们构成了视觉和概念上的连续地带，可循之一直望到奈斯下方，到灯塔为止（与前景小屋中贾曼创作的竖木桩遥相呼应）。自然作家罗杰·迪金（Roger Deakin）说："贾曼制造了他的花园——但那是一个用野生方式制造的野生花园，它能融入海滩的荒野中，人工培植的植物就像是那里的自然现象。"[2] 为了让这个花园看起来自然，或者说野生，德里克选用了很多周边发现的当地植物（邓杰内斯尽管由石滩构成，也还是顽强生长着许多植物），将后花园融入这个没有树木和山岳的荒野景致中。

他种了一圈金雀花，这在邓杰内斯随处可见，暗绿的叶子配上鲜亮饱和的黄色花朵。根据当地的老话，金雀花也暗示这是一座爱的花园，他在《现代自然》（*Modern Nature*）（1991）一书里写道："金雀花不开，人不可亲吻"（事实上金雀花是可以四季开花的）。他用到的其他野生植物是海石竹和有棱角的罂粟（有角罂粟），这一并置策略让这座美丽的花园既艺术化，又扩展了周围的自然世界，像是周围地域的各种元素的集合，其中也有一些是文化元素：

1 举例来说，罗伯特·麦克法伦（Robert MacFarlane）：《荒野之境》（*The Wild Places*），伦敦，2007，第 261 页。
2 罗杰·迪金：《胡桃树农场笔记》（*Notes from Walnut Tree Farm*），伦敦，2000，第 74 页。

花园里的垂直物件都是因各种原因被遗弃的旧物，多数是被海洋遗弃的。捕鱼用的废木材和海滩上捡来的浮木不远处，是二战期间为抵御入侵，用来支持布满铁刺的铁丝网的金属杆；古老的渔网浮子；经历漫长漂流后搁浅在邓杰内斯海滩上的油罐，它们看起来更像是天然的而不是人造的，都作为锈迹斑斑的园艺工具，担当着它们作为形式和色彩的各自角色。当地植物带着野生的氛围，外来归化的植物，从古老的玫瑰和洋蓟到家种鸦片罂粟，都带有强烈的文化联想。“思考这个世界的多样性，”德里克在他的电影《庆典》（1978）里说，“并敬畏它。”

天空、阳光、云和风，是邓杰内斯的主要成分，伴着那片看似不便于散步的鹅卵石滩，以及离小屋窗前200码处的大海，不断变化着心情。这些景物和植物一同给奈斯换上变化多端的色彩，德里克曾在日记《现代自然》中抒情诗般地描绘过这里，后来也出现在德里克去世后出版的《德里克·贾曼的花园》（*Derek Jarman's Garden*）（1995）和他最后的日记《慢慢微笑》（*Smiling in Slow Motion*）（1991）中，后者记录了他死于艾滋病前最后三年的时光。德里克被诊断出携带HIV病毒后不久就搬到了邓杰内斯，这种病毒等于为艾滋病的各种症状打开了大门。花园帮助他适应即将到来的死亡：“园丁在另一个时间里挖掘，这个时间没有过去，也没有未来，没有开始，也没有终结，你漫步在花园中，仿佛走进了时间里……围绕着你的风景都变了形，这里是祈祷之外的‘阿门’。”[1]

这个花园也出现在他的电影《花园》里，包括了他工作、浇水、照料花草、晒伤的片段。他也展示了自己坐在花园里构思和写作这部电影，让创作电影的过程变成电影的一部分。这是德里克将自己的观念戏剧化和变成电影的一个方式，他要求一部电影应该让电影制作者的经验成为创造性努力的中心[2]。而对我们来说重要的是，这种创作经验是从园艺中生长出来的，与此相关的一点是，花园的意象在德里克的电影中引向了更高的观念。比如电影《庆典》里有两个花园，一个属于伊丽莎白一世（Elizabeth Ⅰ）的的巫师约翰·迪伊（John Dee），故事从这里展开，一个宫廷侏儒在给几条大丹犬喂食，狗和女人的体型比例极不平衡，让我们只能暂时假装她体型正常，狗则和马一样身形庞大，这给出了一个轻松的音符，即便整个电影的主题十分黯淡。电影里第二个花园与迪伊的平静花园形成对照，由反社会的退伍军人马克斯（Max）用巨型塑料制成，塑料花园显然是“不育”的，表明电影所想象的悲惨未来中，生活将如何改变其性质。

花园也出现在《想象中的十月》（*Imagining October*）（1984）、《天使的对话》（*The Angelic Conversation*）

---

1 贾曼：《现代自然》，伦敦，1991，第30页。
2 贾曼：《以卵击石》，伦敦，1996，第167页。《英格兰末日》于1987年在伦敦上映。

(1985)、《华丽的咏叹》(*Aria*)(1987)[1]、《英格兰末日》(*The Last of England*)(1987)、《战争安魂曲》(*War Requiem*)(1989)和《蓝》(*Blue*)(1993)中。花园在其中的意义，我会在下文适当的地方再作讨论，当下我们只需认识到，即使在邓杰内斯的花园形成之前，园艺就已经是德里克创作的核心(他的绘画和60年代的诗歌中都有花园的身影)。20世纪最后30年，英国园艺家和园林作家克里斯托弗·劳埃德(Christopher Lloyd)作为权威人士，对邓杰内斯花园的看法之一是，邓杰内斯花园是由一位真正的构图、设计和植物专家创造的，绝非出自新手。

> 远看小屋，这是一处非常地道的英式花园，表现出他对植物的爱以及种植带给他的满足感。像所有优秀的园丁那样，贾曼在当地自然条件下工作。他没有因为被告知邓杰内斯"绝无可能"搞园艺而搁置此事，也没有任何协议或指导，这也是英国的传统。我为曾经置身其间感到荣幸，我也为我们没有更多时间结识彼此感到难过。贾曼是一个让我非常尊敬的人，他的花园具有非凡的深度和独创性。[2]

---

1 华丽的咏叹，电影短片集，罗伯特·奥特曼(Robert Altman)、让-吕克·戈达尔(Jean-Luc Godard)等十位导演拍摄了十部短片。其中德里克·贾曼自编自导了短片《从那天起》(*Depuis le jour*)。(译者注)

2 克里斯托弗·劳埃德(Christopher Lloyd)："德里克·贾曼的园艺经验"(The Derek Jarman Garden Experience)，收录于罗杰·沃伦(Roger Wollen)编《德里克·贾曼：一幅肖像》(*Derek Jarman: A Portrait*)，伦敦，1996，第147—152页。

另一位欣赏德里克花园并寄送他植物的园艺专家是贝丝·查托（Beth Chatto）。这两位专家也都发现，邓杰内斯的严酷条件迫使当地植物的生长习性和颜色发生了改变。比如柳穿鱼和毛地黄，与劳埃德所知道的相比，它们似乎变成了另一种植物。德里克种的刺叶蓟，则在邓杰内斯所有的风中开放，居然不需要打桩定植，而劳埃德自己那些高大的刺叶蓟则必须种在他的大迪克斯特府的萨塞克斯花园里。正如劳埃德独出心裁表达的那样："贾曼……很清楚在这种极端条件下，哪些植物会喜欢他。"德里克明白这一点，因为在搬到邓杰内斯之前，他就已经拥有成熟的种植和构图经验。事实上，早在写作和拍电影之前，德里克最早的创作活动便是绘画和园艺。

## 2 校园男孩和学生时代

德里克·贾曼生于 1942 年 1 月 31 日，第二次世界大战的中期。他出生的当晚，皇家空军轰炸机指挥部派出 72 架飞机轰炸了由德国占领的法国布雷斯特港，其中有 5 架飞机未能成功返航。他出生的当天，英国已经完成从马来亚的撤离，尽管新加坡还没向日本投降（这事在德里克两周大的时候才发生）。父亲兰斯·贾曼（Lance Jarman）是新西兰人，空军中队长，轰炸机飞行员。他在很长一段时间里担任探路者，这意味着由他为主战轰炸梯队锁定目标，并通过投放燃烧弹和照明弹来照亮它。这个任务至关重要，责任重大，兰斯·贾曼的做法是无视高射炮的攻击。

兰斯是家族中非常乖僻的一个。即便到了 1945 年后，他显然仍难摆脱战时的暴力经历带给他的影响。孩子们［德里克和他的妹妹盖伊（Gaye）］如果不吃饭，他会动手打他们。有一次晚宴聚会，德里克因为耳朵疼而哭闹起来。兰斯为了不让他从房子另一端的哭声传来打扰到晚餐，便揍了他，直到他安静下来为止。第二天，医生从德里克的耳朵里排出了脓液。后来，兰斯会因为德里克说话用错单词揍他，诸如“抱歉（pardon）”之类下层社会才用的词汇（Non-U words）[1]。也许这类家暴行为在当时是司空见惯的，可当兰斯强喂儿子时（德里克大约三四岁时），对德里克而言是酷刑，我们不难想象这是一场何等残酷却力量悬殊的斗争，充满窒息、眼泪、“尖叫和病态”，这种可怕的恐惧感甚至迫近到下次用餐[2]。鉴于此，在德里克的电影《英格兰末日》中，兰斯的家庭电影录像中有一个可能与此相关的片段，这很有趣。在这段镜头中，大约 2 岁的德里克在花园里欢快地奔跑，母亲坐在附近的毯子上，当德里克跑过来弯腰从毯子上捡东西时，母亲便悄悄将杯子推向他的嘴边，想诱导他喝下去。这只是一个微小的证据，但可能表明了即使在这个早幼阶段，父母便对德里克的进食过分忧虑。当然，当时的历史背景是食物配给制，所以浪费的幽灵被添加到对健康的担忧上。

这就引出了一个问题：美丽的母亲贝茨（Betts）在他一生中所扮演的角色，以及她对贾曼家庭、情感、经济的独有贡献是什么？德里克似乎从来没有对她有过一句批评或质疑。对她自己的父亲来说，她是“永远微笑的贝蒂（Betty）”，在德里克的成长经历中，她扮演着和平的制造者和激励者。尽管丈夫是故事里的恶霸，她还是爱并容忍

1　Non-U words：英语的词汇区分阶级，下层社会用的词汇叫 Non-U Words，上层社会用 U words，U 指“上等阶层”（Upper class）。（译者注）
2　贾曼：BBC 采访，引自安东尼·克莱尔：《在精神科医生的椅子上》，伦敦，1992，第 168—169 页。

了他。她对兰斯的宽容以某种方式自洽（或是自欺），正如德里克后来所说：她爱他，所以他一定是对的[1]。她在德里克 18 岁时得了癌症，迫使这个家表面平静了下来，阻止了德里克因父亲不公而与之对抗。这种沉默一直维持到贝茨 18 年后去世。为保护贝茨而暂缓冲突、维持家庭亲情的这段时间显得尤为难得，"永远微笑的贝蒂"秉持着中产阶级对每件事都必须用体面表情去面对的准则，尽管那张脸是违背情感的伪装。德里克后来写道，她的微笑和魅力也许是"她的时代和阶级的灾难"[2]。另一个证言则会让德里克对母亲的这段溢美之言蒙上一层疑云，贝茨的哥哥对她的描述是"跋扈又古怪"[3]。

这里将注意力引向父子冲突的主要目的，并不是要强调长大后的德里克对食物所全然采取的实用主义态度（无论如何，多年的学校供餐都会使之复杂化），而是要确定德里克幼年就经历了与专制暴力的长期冲突，尽管这个阶段还没有因为性取向而被暴力对待（这是后来的事）。他曾在祖母的花园"避难"，也曾在那里被抓到和责骂，即便他只是站在那里望着花园变迁[4]。回想童年的花园，德里克写道："花园是放肆的人类得以被安宁与美好动摇的地方。"[5]

---

1 贾曼成年后的日记，引自托尼·皮克：《德里克·贾曼》，伦敦，1999，第 23 页。
2 《现代自然》，第 226—227 页。
3 同上，第 191 页。
4 同上，第 7 页。
5 同上，第 10 页。

在另一些花园里度过的时光也是难忘的：兰斯·贾曼 1946 年驻守意大利时，有马焦雷湖[1]畔的佐萨别墅，有罗马的博尔盖塞花园[2]。父母的赠书《美丽的花儿以及如何种植》（*Beautiful Flowers and How to Grow Them*）也成为他的最爱，这些礼物的影响完全内化了，为他未来的艺术创作和芭蕾舞舞美设计提供了灵感[3]。一家人随着皇家空军四处落户，每到一地都是由德里克负责修建和维护花园。成年后，他还在自己著名河岸（Bankside）房间的尽头，用盆栽建起花园，后来又用铁丝将它连接到查令十字路公寓的后阳台。

德里克成长在上层社会，贾曼一家并不富裕，只不过钱也不是短期内需要考虑的对象，家底足以支撑他们在英国西部雅各比风格的庄园里[4]度过一段幸福难忘的时光，也让他们得以经常去外国旅行和享受异国生活（意大利、巴基斯坦等）。德里克被送去寄宿学校，在那里学习一整套上流社会的知识。这里给出了一套成长模式，同时也给了他拒绝它们的自由。

---

1 马焦雷湖（Lake Maggiore）：位于意大利北部，该国第二大湖。（编注）

2 博尔盖塞别墅（Borghese Garden）：是意大利罗马的一座大型英式庭园，位于罗马东北山丘上，别墅中的博尔盖塞美术馆收藏有提香（Titian）、拉斐尔（Raphael）和卡拉瓦乔（Caravaggio）的作品。（编注）

3《现代自然》，第 10 页。

4 雅各比复兴式建筑风格（Jacobean Revival）是 1820 年代后期英国流行的建筑风格，混合了大量英国文艺复兴时期风格（1550—1625），是伊丽莎白和詹姆斯一世（James Ⅰ）时期元素的混合，被称为“代表了一种真正本土天才的最后流露，这种天才曾被对欧洲巴洛克风格的奴性坚持所扼杀”。（编注）

父母为他选了这所位于英国南部索伦特附近汉普郡的预备学校霍德豪斯，他 8 岁半时就成了寄宿生。或许为了让他事先熟悉这个区域，他们家 1950 年就曾在不远处靠海岸的斯沃尼奇度假，这段假期让德里克见到了后来他总以此自认为的狭长的海岸线。斯沃尼奇位于海岸线的东端，他在回忆录中提到或在电影中使用过这里的三个地方：蒂莉奇想洞穴（电影《庆典》结尾）、跳舞礁（他在 1984 年出版的第一本回忆录以此为书名）和温斯比——他在那儿拍摄了《天使的对话》（*The Angelic Conversation*）和《庆典》。这是一个引人入胜的海岸，沿海高达 100 英尺的悬崖峭壁上布满了旧采石场（被赋予了奇怪的名字“跳舞礁”和“蒂莉奇想洞穴”）。陆地从悬崖顶部开始，陡峭上升至四分之一英里外的高原边缘，海拔约 350 英尺。又长又高的斜坡朝南，长满青草、灌木和鲜花，蝴蝶和小鸟成群。这里相当于一个属于自己的小世界，与英格兰其他地区隔绝，没有道路进出，除了一栋房子。炎热的夏日里，感觉像是地中海。德里克后来在离开他的学校坎福德的几天里又来过这段海岸，那感觉一定像从监狱里刚放出来那样：为自由而狂喜。

9 岁在霍德豪斯的一次创伤性事件让德里克明白，他的幸福正成为攻击和欺凌的目标，他被发现和另一个男孩在同一张床上嬉闹。德里克在《以卵击石》中提到了这一事件：

> 我的罪行被校长以最多的暴力对待，比学校里任何罪行都多……我们被殴打，被拖到全校师生面前，他用开除恐吓我们，威胁说如果公开此事，我们的行为会给各自的家庭带来可怕的后果。这次公开曝光带给我们巨大冲击和无法愈合的伤口。[1]

他在学校的行为和表现显出创伤后的症状："我被孤立了。"他在"虐待儿童"一节中详细叙述了事情的经过，并将他自己最纯真的一张照片印在该页的两边，照片上是自己、母亲和妹妹一起摘花的情景，这样放置也许传递德里克遭遇如此对待所经历的痛苦。实际上他在《跳舞礁》(*Dancing Ledge*)、《以卵击石》、《现代自然》和《后果自负：圣徒的遗嘱》(*At your Own Risk*：*A Saint's Testament*)(1992)这些书中，一次又一次回忆起过这个事件。

在霍德豪斯最棒的事是，每个男孩都从一个有墙围着的花园里分配到一块地，让他们设计自己的花园。当其他孩子都在花园里种蔬菜时，德里克展示出他对种花的兴趣和天分，这个技能使他早年就获奖无数。霍德豪斯的这个花园安抚了德里克在这种斯巴达式严酷管理下受到的种种创伤——例如拳击课或者其他更严重的事件——德里克为

1 《以卵击石》，第 19—21 页。

这个花园而活着。

经历了几年的耻辱感、孤独感以及恶劣的学校食物折磨之后，在以顽皮男生的幽默为主要防御方式与男孩们形成“友谊联盟”之后，德里克来到了多塞特郡边界的一所较小的公立学校坎福德做寄宿生。让德里克进入公立学校，是兰斯·贾曼针对德里克的英国绅士培养计划的关键部分。兰斯生于新西兰，长于新西兰，自1930年代初起就来到英国，并开始他的职业生涯。他鄙视英国阶层，但又想融入其中。公立学校为德里克提供了关于阶级的第一手经验，尤其是阶级意识在该年龄段的新成员或年轻成员中已经形成，也就是说他在其中体验到了这个曾摧毁英国的制度，通过接受这种阶级制度的教育而获得拒绝它的自由。“《英格兰末日》里的恐怖分子就是建制派。”[1] 他后来写道。

德里克将坎福德描述为“健硕基督教”[2] 之家。将他在坎福德的经历与约翰·勒卡雷（John Le Carré）[3] 谴责西方国家公立学校相比是很有趣的[4]，勒卡雷几十年前曾在谢尔伯恩就读过类似学校：学校在精神上和政治上是脱节

---

1 《以卵击石》，第197页，《现代自然》，第143页。

2 健硕基督教（muscular Christianity）：起源于19世纪中叶的英国哲学运动，其特征是相信爱国义务、纪律、自我牺牲、男子气概以及运动精神和道德美。（译者注）

3 约翰·勒卡雷（1931— ），英国著名间谍小说作家，代表作《柏林谍影》（*The Spy Who Came in From the Cold*）、《锅匠，裁缝，士兵，间谍》（*Tinker Taylor Soldier Spy*）等。（译者注）

4 这段惊人的控诉载于约翰·勒卡雷：《上流谋杀》（*A Murder of Quality*：*The Novel and Screenplay*），伦敦，1991。这部小说最早发表于1962年。

的；对学校自身历史和体系的多愁善感（例如，“抱团”系统的内部竞争让德里克成了烈士，当他帮助自己的团体每年赢得艺术奖杯时，其他成员会打压他，而当输掉橄榄球赛时，他们也会欺负他），与学校所延续的对英国历史的多愁善感是一致的。阶级和种族仇恨被培养起来。德里克后来写道：“我讨厌同类的声音。我知道他们是谁，在平庸的公立学校被洗脑，长大后却统治着‘乡下人’。”[1] 两位作者也同样讨厌管理者们提倡和鼓吹的健硕基督教，成年人对男孩间的霸凌行为视而不见，长期延续着错误的价值体系。并将成百上千的男孩从异性的陪伴中撤离，投入到同性近距离接触中，创造出一种完全怪异的氛围。这带来了很多问题，对于异性恋男孩来说，情况严重时甚至会导致病态行为。而对于同性恋男孩，另一连串问题会出现，不同但同样严重。首先是必须忍受与大量异性恋者共同生活，而这些异性恋者又都由于被剥夺正常人际交往而近乎病态。

德里克在坎福德遭受了另一起暴力创伤事件，性取向是这次的核心问题。有迹象表明他在学校被孤立或疏远。他被谣传用身体做性交易。因为肤色偏黑，被取了一个外号叫“外国佬”（Wog），并怀疑他有毛利人血统。事实上，通过祖母鲁本（Rueben），德里克承有犹太人血统，母亲的家族来自帝国时期的印度，所以他又有印度血统。这个事

1 《以卵击石》，第 181 页。

件让他成为异性恋施暴的受害者。他从未将这一事件诉诸笔端。他在和朋友罗恩·赖特（Ron Wright）的谈话中曾用“强奸”这个词来描述这段经历，但是强奸在德里克的字典里仅仅与身体暴露和羞辱有关：它看起来与近年美军对伊拉克巴格达中央监狱里的囚犯实施的酷刑相类似[1]。在最痛苦的情形下，通过暴力和强制手段，剥夺他对性取向的自控权，是对他心灵最严酷的暴行。

德里克后来告诉凯斯·柯林斯，在坎福德的那几年是他一生中“最不开心的”几年[2]，幸而他的才华没有因为失败的寄宿生活而让他蒙受更多屈辱，尤其是有两位大师认可他的才华。英语大师安德鲁·戴维斯（Andrew Davis）特别称赞了德里克的一篇认为克利奥佩特拉（Cleopatra）就是伊西斯（Isis）[3] 的文章（我没有读过这篇文章，但这个主题表明，即使在这个阶段，德里克的文学兴趣仍有能力拓展出一个神秘的方向）。这给了德里克信心和对这门课加倍的热情，帮助他做得更好。多年后，德里克批评平克·弗洛伊德（Pink Floyd）的歌曲《墙中的另一块砖（第二部分）》（Another Brick in the Wall（Part Ⅱ））——“我们不需要任何教育……我们不需要思想控制——”他批评的依据是，老师可能只是为学生们提供了他们所需要的拒

---

1 托尼·皮克：《德里克·贾曼》，第 53 页及注释。
2 凯斯·柯林斯：作者专访，2009 年 7 月 30 日。
3 伊西斯女神是古埃及宗教中的主要女神，她的崇拜遍及整个希腊罗马世界。埃及末代法老克利奥佩特拉自认为是伊西斯女神。（编注）

绝和对抗体制的工具[1]。另一位赏识德里克才能的是艺术大师罗宾·诺斯科（Robin Noscoe），他的“艺术小屋”（Art Hut）宣示了对大学校的反秩序思想，为萌芽期艺术家提供了落脚点，将埃里克·吉尔（Eric Gill）[2] 的名言作为准则镌刻在这里的窗户上方：

> 艺术家不是一个特别的人
>
> 但每个人是一个特别的艺术家[3]

正如托尼·皮克强调的那样，罗宾·诺斯科是对德里克影响最深刻的艺术家。在 1990 年，英国 BBC《建筑之美》（*Building Sights*）系列的制片人克莱尔·帕特森（Clare Paterson）请德里克拍一段 9 分钟的短片介绍他最喜欢的建筑，德里克选择了艺术小屋（由诺斯科设计并和几个男生一起合作完成）。德里克短片播出的前一周，是《金融时报》（*Financial Times*）设计版块记者爱丽丝·罗斯特霍恩（Alice Rawthorne）的一堂有关圣奥拉夫之家[4]的收视率颇佳的学术讲座，圣奥拉夫之家当时是伦敦泰晤士南岸装饰艺术办公室及其仓库。而德里克的短片播出的下一周，

---

1 贾曼：《跳舞礁》，伦敦，1984，第 219—220 页。
2 埃里克·吉尔（1882—1940）：英国雕刻家、字体设计师和版画家，英国工艺美术运动重要参与者，被授予英国最高设计师奖。（编注）
3 托尼·皮克：《德里克·贾曼》，第 56 页。
4 圣奥拉夫之家（原文为 St Olave's House，又名 St Olaf House）：1928 至 1932 年建在圣奥拉夫教堂的旧址上的一栋六层住宅楼，“艺术装饰”风格。（编注）

则由阿兰·本奈特（Alan Bennett）介绍了利兹市的一条拱廊街，他用（9分钟的）冷幽默讲述种种社会掌故，并用其特有的方式掺入了很多个人记忆。这段关于拱廊街的短片由大卫·亨顿（David Hinton）精心执导。

因此，由凯斯·柯林斯导演的这部德里克短片，在这两者之间播出，独具一种手工的质感。诺斯科的花园楼建于1959年（当时德里克还是六年级生）。德里克声称，它呼应了1950年代的许多建筑，比如勒·柯布西埃（Le Corbusier）的朗香圣母院。他喜欢这幢房子的的个性、智慧和魅力，以及房子表达主人的方式："一种未完成状态，如同他杂乱的人生。"影片大部分时间在展示物件和细节，而不是整体。房子呈现出一种现成品利用的设计方向，很多材料从别的地方找来并循环使用，比如普尔[1]的中世纪风格的门，以及各种化石和汽车轮毂等旧物。屋子里有很多诺斯科学生们的画，其中包括1963年还在斯莱德艺术学院就读的德里克的一幅。"我们当时认为绘画很重要。"德里克在片中说。诺斯科的书房里有一扇从拆迁点搬来的门，德里克在上面刻了《坎特伯雷故事集》（*Canterbury Tales*）里的一段文字。大部分家具是诺斯科亲手制做的。

如果诺斯科的艺术小屋挽救了德里克在学校里的理智，或者至少挽救了他的情感生活，帮助这位大师整理他的房

---

1 普尔（Poole）：英国南海岸多塞特郡的大型沿海城镇和海港。（编注）

子一定则是件令人激动的事。对德里克来说，这所房子和它的居住方式一定代表了某种理想。这个项目不单纯是座房子，而是对部分手工建造的一次庆祝。作为一个美好生活的容器，它反映了诺斯科的个人品质，他的幽默、对学生的仁慈、实践能力和独创性。[大约同时期，德里克在坎福德学校画了一幅受温德姆·刘易斯（Wyndham Lewis）[1]影响的自画像，生命的最后几年里，他将这幅画悬挂在邓杰内斯画室的工作台上。]

关于大学，兰斯·贾曼坚持认为儿子应该获得学术而非艺术学位，两人最终达成协议，由兰斯两次支付大学费用——德里克得先获得学术学位，然后才能做一名艺术生。安德鲁·戴维斯强烈支持这一安排，于是在 1960 年，德里克去伦敦国王学院攻读文学学士学位（在英文系，艺术史和历史为他的主要课程），随后（1963 年至 1967 年）他成为斯莱德艺术学院的本科生，专攻剧场设计。结果是，他受到更好的教育，对文学和历史有了真正的洞见，这方面，他欠父亲一个大大的感激。

1961 年，他参加了《每日快报》（*Daily Express*）与伦敦大学合办的艺术比赛，并与另一名学生一起获得业余组第一名。奖金是 20 英镑，相当于当时一个工人两周半的工资。他的获奖作品《我们在等待》（*We Wait*）画的是路灯

---

1 温德姆·刘易斯（1882—1957），英国作家、画家和评论家。（编注）

下的一群人，风格类似1920年代的苏联先锋作品，人物造型圆润，没有脸，如同人偶，配合以笔触精良的色彩关系。24岁的大卫·霍克尼（David Hockney）则以一幅《世上最美的男孩》（*Most Beautiful Boy in the World*）赢得了专业组冠军。霍克尼比德里克大5岁，却已经不得不作出一些严肃的决定，比如宣布出于良心拒绝服兵役。考虑到德里克在上艺术学校之前不得不等待，还要等待自己性取向的释放，这两种等待都是由他成长经历中的保守主义所决定的，以这样的象征意义去解读这幅作品主题很吸引人。也许因为获奖，德里克很享受沃特福德的公共图书馆为他（和他的父母，因为他彼时住在家里）举办的个人展览。

可是，更多的性暴力来了。1961年夏天，德里克跟几个朋友搭便车去克里特岛。回来路上和朋友分开了，他在瑞士接受了一个“面目凶狠的中年人”的搭车邀请。对方把车开进树丛，试图亲吻德里克，还解开自己的裤子逼迫德里克“服务”。德里克经历了一段搏斗、泪水和漫长的折磨。[1] 在19岁的年纪，德里克先后遭受了父亲、霍德尔学院领导、坎福德男生和一名瑞士强奸犯无端野蛮的攻击（言语的或身体的），其中有三次直接针对了他的性取向。在其迷人的外表下，德里克有充分理由感到极度愤怒。

在国王学院期间，德里克（通过伦敦大学伯克贝克学

---

1 托尼·皮克：《德里克·贾曼》，第77页。

院）参加了建筑历史学家尼古拉斯·佩夫斯纳（Nikolaus Pevsner）[1] 的课程，这段经历让他终生难忘。英语老师埃里克·莫特兰姆（Eric Mottram）则给他推荐了“垮掉的一代”，一群深受爵士乐和毒品影响的美国作家，包括威廉·巴勒斯（William Burroughs）、杰克·凯鲁亚克（Jack Kerouac）和艾伦·金斯堡（Allen Ginsberg），这些作家的影响又是他的另一段人生故事。1963 年，德里克终于进入斯莱德艺术学院就读，起先他感到自己有点落后，必须赶上学术实践课程，并不得不将自己的艺术创作暴露于空前严厉的批评之下。他也发现了自己画得不如别人好。[2]

德里克学生时代有一张画。因为没有名字，我将其标为《绘画 A》（*Painting A*），纯粹是为了方便叙述。这张画的油彩以白色为主，有着德·库宁（De Kooning）风格的流动性。一个绿色的正方形框在画中央，让视觉中心集中到密集的油彩上。黄色和非常淡的绿色有助于积聚已经存在于绿色广场以外区域的色彩，并以更强烈和更集中的方式传递它们。黄色运用了一种特有的从左下到右上的急促笔触，德里克在后期《邓杰内斯的风景》系列中也用了这种手法。也许这只是一件学生作品，但它是一幅美丽的画，在挂着它的房间里有着切实的存在感。

---

1 尼古拉斯·佩夫斯纳爵士（1902—1983）：德裔英国艺术、建筑史学家，以《英格兰建筑》（*The Buildings of England*）闻名。（编注）
2 贾曼：科林·麦凯布（Colin McCabe）对他的电视采访，英国电影学院，1991。

在加拿大人罗恩·赖特的温暖影响下，德里克的性解放终于在1964年开始了，两人在伦敦初次有了性接触。他们在春天搭车去了意大利，同年夏天，赖特又在德里克的北美之行中接待了他。不过赖特的兴趣并没有持续很久，他发现德里克“身体非常僵硬，硬到几乎结冰了”[1]。导致这种僵硬的原因是什么？压抑的生活不会一下子解冻。无论多么渴望，德里克都很难放手去实践这个被国家列为犯罪而且不道德的行为，他的父母也会为此惊骇莫名。后来，他写到过卡拉瓦乔“如何从周围的习俗中成长起来”，并进而说道：“他一开始可能是双性恋，后来‘你’砍掉了它们，但是教会和社会的束缚留下了癌症，一个挥之不去的疑虑。”[2] 这里转入的现在时态，以及用“你”一词代表“某人”或者“像我一样的人”这样的广义主语——显然是在表达他自己压抑的内心体验。考虑到他所遭受过的暴力伤害，赖特所谓的僵硬很可能与他所经历的创伤性殴打和遭遇有关。北美之行对于改善这个问题有所助益：德里克在旧金山和蒙特雷旅行，并买了（他自己说是在卡尔加里）属于他自己的艾伦·金斯堡的诗集和威廉·巴勒斯的《裸体午餐》（*Naked Lunch*）。他非常重视金斯堡所提供的对同性恋和战后政治问题直言不讳的文化范例，英国没有这样的对应作品。从纽约回家的路上，混乱的性爱经历无疑让

1 托尼·皮克：《德里克·贾曼》，第94页，第100页。
2 贾曼：《跳舞礁》，第22页。

他放松了下来。在伦敦，迈克尔·哈斯（Michael Harth）是给予他极大支持的朋友，向德里克介绍了汉普斯特德荒野寻欢的乐趣，这变成了他一生的乐趣："荒野上的性爱是病态的早秋。"德里克在 1989 年写道，"亚当自慰了吗……？所有的该隐和亚伯们[1]都如你所愿在一个炎热的夜晚出来了，五月花在夜空中散发着清香，灌木丛在靛蓝的天空中闪亮，就像泛着磷光的床单。"夜晚的汉普斯特德荒原是一个自由的地方，一个"甜蜜的、平等的幻象"，感官刺激让酷儿生活的"兴奋和愉悦"与自然界的愉悦融合了：宁静，凉爽的空气，月亮和星星，树木。它是一个避难所，在这里"世界似乎变得更好了"。[2] 因此，议会在 1967 年通过期待已久的 21 岁以上男同性恋行为非罪化法案之前，德里克的自我解放运动就已经蓄势待发，一个企图镇压、强制、羞辱、诱捕和合法迫害（同性恋者）的时代从此结束了。

对德里克来说，压抑以及与压抑的抗争，仍然是一种至关重要的经验，对他后来的大小诸事都有影响。正如他《后果自负》中表述的那样，一旦时机到来，压抑的记忆也让德里克在对抗艾滋病歧视的积极行动中拥有足够的拒绝勇气和协商技巧。

---

1 该隐和亚伯是亚当（Adam）和夏娃（Eve）的两个儿子，该隐杀害了亚伯。德里克在此处用的是复数（Cains and Abels）。（译者注）

2 皆引自《现代自然》，第 84 页。

在斯莱德期间，斯莱德校长、尤斯顿路学校的创始人威廉·科尔德斯特里姆（William Coldstream）[1] 开办了电影课程，德里克获电影大师梭罗德·狄金森（Thorold Dickinson）[2] 指导，后者向他介绍了爱森斯坦（Eisenstein）、卡尔·德莱叶（Carl Dreyer）、让·雷诺阿（Jean Renoir）、马克斯·奥菲尔斯（Max Ophuls）[3] 和亨弗莱·詹宁斯（Humphrey Jennings）的作品。因此，对德里克来说，电影是作为艺术实践而非商业实践的语境下被传授的。学校里还经常有电影制片人前来访问，谈论他们的工作。德里克已经为自己物色了费里尼（Fellini）、帕索里尼（Pasolini）、布拉哈格（Brakhage）[4]、谷克多（Cocteau）和热内（Genet）的作品。不过，到目前为止，他还不认为可以进行个人创作。在德里克最后两年课程中，他专修剧场设计，这部分由彼得·斯诺（Peter Snow）和尼古拉斯·乔治亚迪斯（Nicholas Georgiadis）联合讲授，让德里克了解到戏剧表演（包括芭蕾舞、歌剧和舞台剧）是一种固有的象征性

---

1 科尔德斯特里姆（1908—1987）：英国现实主义画家、教育家、艺术活动家。1930 年代加入 GPO 电影部门与约翰·格里尔逊（John Grierson）合作纪录片，身边合作者还有 W. H. 奥登（W. H. Auden）、本杰明·布里顿（Benjamin Britten）等人，同时还在作画。1937 年创办尤斯顿路学校。他在 1949 年回到斯莱德，并带领该校赢得了国际声誉。（编注）

2 梭罗德·狄金森（1903—1984），英国早期黑色电影导演，挪威血统。马丁·斯科塞斯（Martin Scorsese）称他是“一个有着独特智慧、热情洋溢的艺术家……有着源源不断的灵感”。（编注）

3 马克斯·奥菲尔斯（1902—1957），德国电影导演。所有作品都使用他独特的平滑的摄影机运动，起用复杂的起重机和小车，大量的跟拍。他拍过不少女性电影，几乎所有女主角的名字都以字母 L 开头。（编注）

4 布拉哈格（1933—2003），又译布拉克哈吉，美国非叙事电影导演，20 世纪最重要的实验导演之一。（编注）

艺术形式。他的学生时代在1967年画上圆满的句号。他有两件大型作品参加了在米尔班克的泰特美术馆举办的“当代青年艺术家”展，这是一场向伦敦主要艺术学校学生开放的竞赛：《冷水》（*Cool Waters*）用了一个真正的水龙头，并在画面正下方安了一个真的毛巾架。《多设备的风景》（*Landscape with Various Devices*）则用海绵做成金字塔，周围绕了一圈织物材料。后者成为彼得·斯图维森特基金会（Peter Stuyvesant Foundation）风景作品奖的十幅获奖作品之一。

# 3　为别人设计、绘画与超8摄影机

德里克带着他现代主义、抽象和象征性的设计品位离开了斯莱德。在校期间，他曾为本·琼生（Ben Jonson）那部有关守财奴的戏剧《福尔蓬奈》（*Volpone*）设计舞美，把守财奴的床架在一堆财宝上；为萨特（Sartre）的《禁闭》（*Huis Clos*）设计的是一套深红色家具，配了三把扶手椅：绿的、黑的和蓝的。为《俄耳甫斯》（*Orpheus*）做的设计也比其他版本更具开创性，地狱之门被设在布鲁克林大桥上，门框用一大堆男性裸体照片组成，一条巨大的发辫像风铃般垂下。[1] 离校后的几年为他获得了更多的重要机会，让斯莱德校外的世界检验他的设计。这是一段混乱起伏的时期，经历过疯狂的成功，也陷入过失败的阴霾，与人结交，又与人决裂，也尝到了为别人做设计的乐趣和困苦。

有四位英国年轻设计师作品被英国文化教育协会选中，在1967年巴黎“青年艺术家双年展”上展出，德里克是其中之一。他展出了一双极富挑逗的大腿［这是另一位学生为普罗科菲耶夫（Prokofiev）的芭蕾舞剧《浪子》（*The*

1　所有描述皆来自于罗杰·沃伦编：《德里克·贾曼：一幅肖像》，第92页。

*Prodigal Son*）设计的核心件]。评论家盖伊·布雷特（Guy Brett）[1] 在《泰晤士报》上对德里克的创作表示了赞赏（“也许是这一拨里最好的作品”）。《观察家报》（*Observer*）的批评家，也是斯莱德学院老师尼古拉斯·乔治亚迪斯的朋友奈杰尔·高斯林读到了布雷特的评论。高斯林早就注意过德里克的油画《大理石山的风景》（*Landscape with Marble Mountain*），该画当时在爱丁堡的“百强”（Open Hundred）展览中展出，他也曾在第二届利森画廊（Lisson Gallery）展览上看过德里克的作品。高斯林长期用化名给自己的报纸撰写芭蕾舞评论，当皇家芭蕾舞编导弗雷德里克·阿什顿爵士（Sir Frederick Ashton）宣布（临时收到通知）需要寻找舞美设计师时，高斯林建议他认真考虑下德里克·贾曼。阿什顿的这个需求来自于皇家芭蕾舞团同意填补皇家歌剧院一个意外空缺的档期。[2] 阿什顿推荐了德里克，他的建议将由皇家歌剧院的设计委员会直接审议，斯莱德的威廉·科尔德斯特里姆是其中一员。

这让德里克设计生涯站到了设计界的顶端，1968 年 1 月他为皇家芭蕾舞团设计了《爵士日历》（*Jazz Calendar*）。当时有个玩笑说，德里克为了“上位”，和著名的剧院“皇

---

1 盖伊·布雷特（1942— ），艺术批评家和策展人，被认为是推介拉丁美洲艺术家以及促进 20 世纪 60 年代欧洲与拉丁美洲之间艺术互动的主要人物之一。后文的奈杰尔·高斯林（Nigel Gosling）（1909—1982），英国艺术和舞蹈评论家，美国现代舞先驱。（译者注）

2 托尼·皮克：《德里克·贾曼》，第 133 页。

后”睡过，后来有些写手也跟风这种说法。这个问题需要严肃对待，我们从上面一系列介绍中可以看出，是出色的工作能力给德里克带来了这个机会。这是德里克本人的一项巨大成就：芭蕾舞剧得到媒体好评，德里克的设计得到《泰晤士报教育副刊》（*Times Educational Supplement*）的特别赞扬。爵士音乐与他的抽象风格很匹配，布景极简单：一个用塑料球体组成的金字塔，被抹了迷彩和条纹的巨大数字，浑沌的背景上面悬挂着米罗（Miló）式的造型物。“星期三”（剧中的一幕）的布景上方吊着蓝色灯光，将舞者的身影投在金字塔上，显得巨大无比。德里克的服装设计尤其成功，有黑白两色，有迷彩，交相辉映，拥抱时一个舞者似乎融入了另一个舞者，比如在**双人舞**中，所有舞者都穿着一半蓝色一半红色的服装。

1967年是特别辉煌的一年，尤其当他的《蓝色池塘的风景》（*Landscape with a Blue Pool*）被英国艺术委员会收购后。1968年1月后则变成了一场灾难，德里克为由罗马尼亚编舞家史蒂夫·波佩斯库（Steve Popescu）创作、兰伯特芭蕾舞团演出的芭蕾舞剧《穿越之路》（*Throughway*）设计服装。该剧于3月上演，波佩斯库却在首演的第二天晚上自杀了。据说他对作品各方面都不满意，包括德里克“奇形怪状”（托尼·皮克用了grotesquerie这个词[1]）的戏

1　托尼·皮克：《德里克·贾曼》，第138页。

服，但将此归为自杀原因就太轻率了。不管怎样，德里克无疑被这件事惊到了。演出也被立即叫停。

不久，约翰·吉尔古德（John Gielgud）写信给德里克，邀请他为首都萨德勒·威尔斯歌剧院公司（Saddler's Wells Opera Company）（后来的英国国家歌剧院）的歌剧《唐·璜》（*Don Giovanni*）设计舞美，可见在歌剧舞美领域，德里克也是从顶尖位置起步，为一家位于大都会的大公司设计大制作。这部作品是这家歌剧公司迁往西区科利瑟姆歌剧院的开门大戏[1]，这里原本是一家电影院，所以演出前的几个月，改建工程给这部剧目的制作制造了无尽麻烦。几乎所有评论家都不喜欢这部作品，《标准晚报》（*Evening Standard*）和《星期日泰晤士报》（*Sunday Times*）都在诋毁德里克的设计。这些花园场景和建筑空间都混有抽象和现代两种风格，不成功的一个可能原因来自两个方面：他们既不像《爵士日历》那样完全抽象，也不是“莫扎特（Mozart）观众”[2] 会喜欢的那种温暖舒适的18世纪风格。花园场景里挂了一块背景布，布上风格化的圆锥体带来一种粗略的透视感，以至于远处的柱子和建筑会让人隐约联想到帕拉第奥式教堂。但观众（和表演者）从心理上就对台口右方突出的笼子状矩形网格有所排斥，无法获得简单

---

1　萨德勒·威尔斯歌剧院公司于1968年迁入剧院。1974年，该公司更名为英国国家歌剧院，并于1992年购买了该建筑。（译者注）

2　《唐·璜》原为莫扎特创作的两幕歌剧，作于1787年，由达蓬特（Da Ponte）撰写脚本。（译者注）

的愉悦。该剧在 8 月开演的第一天，外面就传来了坏消息，报摊广告牌上写着“苏联入侵捷克斯洛伐克，俄国人的坦克开进来了，布拉格之春结束，捷克斯洛伐克主席亚历山大·杜布切克（Alexander Dubček）失踪”[1]。吉尔古德的作品最终反响很差。

也许正是这样的经历让德里克很少花时间为一些小事悲伤，而留出更多热情去迅速投入下一件值得期待的事。[2] 1968 年，他把自己的工作室（和 1969 年的住所）搬到了伦敦市中心泰晤士河南岸高地一个旧仓库的 L 形房间，成了生活在仓库阁楼里的先锋群体中的一员。他先后有三处这样的住宅，后来陆续被拆迁或重建：高地先后被河岸（1970—1972 年）和巴特勒码头（1973—1979 年）取代。河岸被追捧为“伦敦最美丽的房间”，在建筑师朋友杜加尔德·坎贝尔（Dugald Campbell）的建议下，德里克解决了保暖问题。[3] 他去园艺中心买了一个小温室，安在大仓库里当卧室，为没有供暖和隔热的阁楼御寒问题提供了绝妙的解决方案。温室也同时提供了一种动人的意象，使弥漫在他生活和工作中的花园意象永恒化，并暗示德里克既是园艺的原料，又是它的产物，对他作为园丁的身份是个补充。他既是花园又是园丁。

---

1 作者从苏格兰度假归来的家庭汽车后座上看到的。
2 这个贾曼特质的分析来自安德鲁·罗根（Andrew Logan）：作者专访，2009 年 8 月 10 日。
3 托尼·皮克：《德里克·贾曼》，第 161 页。

与上一年的跌宕起伏相反，设计事业在1969年显得相对平静。德里克担任了彼得·泰格尔（Peter Tegel）在皇家宫廷剧院楼上剧场的戏剧《海葵诗人》（*Poet of the Anemones*）的设计师，该剧首次出现了斗篷，并成为德里克今后一段时间里的特色之一。这时期的斗篷是透明的，里面装了美元钞票。同年，他在利森画廊举办了一次个展，得到时尚杂志《女王》（*Queen*）的积极评价。

我们需要思考的是，1969到1980年间，德里克的画发生了怎样的转变？他在《跳舞礁》中说，为别人做设计，尤其是电影美术工作（电影这部分我们将稍后考察），挤走了他绘画的时间：直到1969年底，时间和注意力都没有丝毫余地。这可能是原因之一，但也还有其他一两个因素值得注意。

德里克的画风变了。到20世纪60年代末和70年代初，我们再也看不到《绘画A》中对于流动性的极致享受了。这些作品几乎都是风景画，它们变得更冷，更遥远，最终变得更小（在斯莱德时代之后），更多地以一种颜色为主色调，通常更几何化，通常更扁平，或者只表现出粗略的空间感，以一种棱角分明的方式作画。其中一些小幅作品非常漂亮。[1] 1971至1972年的“埃夫伯里”（Avebury）系列展示了类似史前埃夫伯里圆形立石的物品，它们被放

1 例如，一幅由私人收藏的绿色海岸风景画和一幅黄色的“无题”（Untitled），转引自罗杰·沃伦：《德里克·贾曼：一幅肖像》，第56页。

置在完全抽象的环境中，由横线和最少数量的竖线构成。空间感从水平和垂直形态的交集中创造出来，但没有前景或背景的概念。这些景观里很少有人居住（而且只有远处的示意图），没有一处风景如画。颜料涂得很薄，没有明显的笔刷痕迹。远处的岩石和悬崖峭壁用一种有趣的拼贴来表现：将拍摄了大理石表面的黑白照片裁剪下来，黄色纸打底，这样“岩石”周围就会有狭窄的边界，并固定在画布上的正确位置。美也许是存在的，但人类的空虚感弥漫其中，而且是一种非常微小的结构。该作品有一种极度理性的控制感，似乎一切更为旺盛的东西都被牺牲在大脑指令和智力游戏中，以期寻找到一个最低限度的代表性景观。然而，结果却包含着某种满足感，传递着某种愉悦。

德里克后来的作画笔记中，是将自己放在与别人作品比较的语境下的，构成了一个四重模式。第一重是迟到感，他宁愿 18 岁就去上艺术学校，而不是等到 21 岁。他的前方总是大卫·霍克尼的身影：他比德里克年长，也比德里克先行，以至于他在笔记里写道，他不想成为霍克尼的“追随者”（他为自己不把绘画作为职业重点给出了一个理由）。[1] 帕特里克·普罗克托（Patrick Procktor）也时隐时现，但从来没有像霍克尼那样成为德里克的劲敌，也许是因为德里克与普罗克托的私人关系要好一些。第二，德里

1 贾曼：《跳舞礁》，第 75 页。

克在戏剧设计方面的专长会让人觉得绘画对他而言是次要的。关于《跳舞礁》的笔记便是如此，他谈到了肯·罗素(Ken Russell) 电影的美术工作是如何挤掉他画画的："画画是主要受害者，在接下来的 10 年里，我画得非常少。电影拍摄的巨大压力下，画画的需求不再那么高——它被孤立了，处境疲软无力。"[1]

他写道，他讨厌（与绘画）"搏斗"，想要快速的结果，似乎作画过程没法提起他的兴趣。[2] 这导致一种印象，无论德里克的画有多出色，很多人被他这种漫不经心的言论所蛊惑，会认为绘画对他来说是次要的，因而对他们来说也一定是次要的。第三，是他绘画探索时的孤立感问题，德里克在他的作品中反复提到这点。这是什么意思？孤立并非不可避免，因为 19 世纪的绘画工作室，如拉斐尔前派、印象派、毕加索（Picasso）和布拉克（Braque）的例子就说明了这个问题。也许我们应该把这种"孤立"与德里克 20 多岁时谈到的那种羞怯和孤独联系起来。他后来写道，自己当年对金钱的慷慨是一种"痛苦的信号"（掩盖自己的孤独和对爱的需要）。[3] 但这种孤独很容易与德里克一生强烈的竞争意识有关。他要争第一而非第二（或更糟）。在绘画上，德里克也在另一个意义上被孤立，因为他拒绝

1 贾曼：《跳舞礁》，第 105 页。
2 同上，第 95 页。
3 同上。

了波普艺术。他不愿成为“德里克·博希尔（Derek Boshier）[1]”，不愿把头发染成金色（像霍克尼那样），也不愿去美国（像霍克尼那样）搞波普艺术。这也是第四个原因的一部分，他感到一种更为普遍的滞后感。当他还在斯莱德时，学校就已经关闭了古董室。“5 个世纪以来欧洲对古代的热爱被斯莱德人悄悄贴上了‘过时’的标签……一次天启跨越了旧梦，新梦被波普艺术取代。[2] 而德里克是旧梦最后的守护者，过去深怀眷念，对旧时绘画和建筑被大量抛弃感到沮丧。德里克在《俄耳甫斯》的设计提案中将幕布设计为一幅由古典雕像碎片组成的荒凉景观。他本打算全身心投入到这段陈旧过时的“恋情”中。1965 年的《来自普桑诗中的灵感》（*From Poussin's Inspiration of a Poet*）表明他很擅长这样的创作，它在描绘三个人物时表现出那种的流畅感非常动人，像一首抒情诗。但至少通过绘画这个媒介，是不可能的。他为《俄耳甫斯》设计的地狱之门是以布鲁克林大桥为基础的，德里克后来将其解读为对“美国波普主义”的潜意识解读，“天堂……散落着我们随手丢弃的古典世界的完美碎片”[3]。也许，在绘画这个媒介中是不可能追寻旧梦的。但在下一个新十年的头几天，另一种媒介就已经等着他了。

---

1 德里克·博希尔：英国波普艺术家。（译者注）
2 同上，第 122—123 页。
3 同上，第 123 页。

上述四个因素根据外在因素和前后关系推测而来，它并不取决于德里克先天或固有的绘画品质，他和任何艺术家一样，品质是多变的。他有能力创作出令人难以置信的作品，他最好的画作都是美丽的，令人难忘的，真正震撼人心的，来自于作品的创作环境，但在效果上却远远超越了它们。

换句话说，这并不是关于质量问题的争论。这是一个可能的解释，为什么德里克似乎把绘画放在一边，以及为什么许多人也认为他们只是在跟随他的这一想法，即对德里克来说，绘画没有电影、设计、写作或园艺重要。然而，尽管他看似发表了许多对绘画的冷漠言论，却仍不停地在英国、欧洲大陆、北美和远东举办展览，直到他生命的尽头。绘画对他并非无足轻重。

德里克的一次小小的、无私的、自发的善举改变了自己的人生，从此走上了电影的道路。1969 年圣诞节和跨年活动期间，他一直在巴黎。他坐在巴黎北站的火车上，准备回国。那年头的火车极其拥挤，他看到月台上有个年轻女子提着两个沉重的手提箱，从衣服和长发判断是英国人，便从窗口招呼她说车厢里还有一个空位。她就是珍妮特·杜特（Janet Deuter），曾在霍恩西艺术学院任教，是电影导演肯·罗素的朋友。她告诉德里克，罗素刚启动一个新项目，她会将德里克的情况告诉罗素。两天后，罗素就在德里克位于高地的 L 形房间里观摩了德里克的设计作品集，以此为机缘，罗素请他参与当时最具争议又最折磨人的英国电影《卢丹的恶魔》（*The Devils*）[1] 的美术设计工作。这部电影占据了德里克的整个 1970 年。其中包括设计一个庞大外景，模拟 1634 年的法国小镇卢丹。考虑到电影事业的艰辛，考虑到他之前从未在电影行业担任过任何工作，考虑到导演出了名的傲慢自大，这是一次对德里克不畏挑战的精神奖赏。相反，所有的声音都认为他的工作是一次胜利。他得到了艺术总监乔治・拉克（George Lack）极其专业和干练的支持，并收获了电影雕塑家克里斯托弗・霍布斯（Christopher Hobbs）的友谊，彼此成为长期的合作伙伴和密友。

凭借对建筑的深厚理解，对哥特式风格的喜爱，以及对文艺复兴时期理想城市绘画的尊重，德里克将卢丹打造成一个理想小镇，外观上是历史的，但气息上是现代的。《卢丹的恶魔》是关于宗教的，特别是关于如卢克莱修（Lucretius）在《物性论》（*De rerum natura*）一书中所说的那样，"宗教能在多大程度上怂恿我们走向邪恶"。这个故事来源于阿道斯・赫胥黎（Aldous Huxley）《卢丹的恶魔》（*The Devils of Loudun*）（1952）一书中记述的历史事件"恶魔占有"，讲述了卢丹镇中一个被"恶魔占有"的修女遭受残忍的酷刑，当地牧师厄本・格兰迪埃（Urbain

1 "卢丹的恶魔"是欧洲历史上一件巨大的冤假错案，发生在公元 17 世纪中叶的法国小镇卢丹。（译者注）

Grandier）随后也被残忍折磨并活活烧死的故事，这些情节都得到了罗素最生动的呈现。德里克所做的是让观众无法想象那些发生在中世纪晚期或者如今已被遗忘的近代早期的可怕事件。换句话说，残忍和非人道不能轻易被当作已经被我们远远抛在后面的过去。赫胥黎这本书的观点是，在任何时期，只要宗教当局被国家赋予过多的权力，毁灭性的宗教偏执就会爆发。但德里克的设计不止于此，《泰晤士报》（*Times*）评论家在 1984 年的回顾中写道："在建筑运动开始定义自己的 13 年前，《卢丹的恶魔》就已经毫不犹豫地使用了后现代背景，这让人感到十分惊艳。"[1]

所有说法都认为赫胥黎的描写，将对不幸修女实施的"驱魔"比作"公厕强奸"，这为导演及其设计师奠定了情感上，甚至是视觉上的基调。该片作曲家彼得·麦克斯韦-戴维斯（Peter Maxwell-Davies）说，这也为音乐提供了思路。[2] 德里克设计的冷白色背景，让精神错乱和罪恶得以显现和强化。

关于这个阶段里德里克究竟是如何与肯·罗素相处的，有一位亲历者给出了一个简短却非常有价值的点评：

---

1 约翰·罗素·泰勒（John Russell Taylor）：贾曼在当代艺术协会（ICA）的展览回顾，《泰晤士报》，1984 年 2 月 7 日。

2 彼得·麦克斯韦-戴维斯在第四频道纪录片《人间地狱：〈恶魔〉的亵渎与复活》（Hell on Earth: the desecration and resurrection of *The Devil's*）中接受采访，2002。

> 普鲁（Prue）把一封信塞到肯的手里，肯签了字，便又和贾曼讨论自己的想法，贾曼是一个外表多彩、内心冷静的吉卜赛式青年，他的耳环、短靴和绣花上衣丝毫没有减损他勤奋专注的精神。罗素提供了原动力和关键框架，并利用贾曼的视觉天赋填补空白。德里克不怕说出“那是错的”或者“你以前就这么做过”，他在肯不断膨胀的想象力中扮演着刹车和锚的角色。[1]

罗素形容德里克是一个“波希米亚人”，他的这一判断得到了其他人的认同和放大。这有什么含义？波希米亚人的特点大致是，他/她对物质上的成功并不特别兴奋，不可能被物质上的成功所诱惑和奴役。德里克在《跳舞礁》中告诉我们，在20世纪60年代，他“不信任”自己和他人的成功（他指的是物质上的成功，而不是艺术上的成功）。[2] 相反他认为“艺术是关键”，“艺术”意味着对生活采取一种特殊的态度。[3] 从德里克的作品中，我们会有一种强烈的印象，即完美只有在我们的梦想中才可能，即只有在想象的生活中才能实现，完美的幸福也是如此。德里克还打算将自己的画送人，而不是囤起来，借助展览、中介和交易将这种艺术上的卓越转化为资本，这是一种开放

---

1 约翰·巴克斯特（John Baxter）：《可怕的天才：肯·罗素》（*An Appalling Talent: Ken Russell*），伦敦，1973，第229页。

2 贾曼：《跳舞礁》，第95页。

3 贾曼：《以卵击石》，第235页。

的、人性的和波希米亚式的行为方式。这种波希米亚主义也许与后来在《跳舞礁》中所说的"艺术是偷窃"的观点有关：艺术家偷走了应该被全世界分享的日常创造力。[1]他接着写道："艺术就是偷窃：母牛和竖琴。"[2] 这一神秘的句子指的是赫尔墨斯（Hermes）的神话，他是乐器发明者，也是抒情传统的源头。赫尔墨斯代表着创造，发明了竖琴，但在他偷了阿波罗（Apollo）的牛后，将竖琴送给了他。

罗素的一个有关创造力的特别想法，激发出另一部电影《野蛮救世主》（*Savage Messiah*）（1972），德里克也参与了设计。这部电影是根据法国雕塑家亨利·戈迪埃（Henri Gaudier）[3] 的生平改编的，他于1915年在西线阵亡，年仅23岁。除了两个简单的漩涡主义式的设置，其余设计是完全自然主义的，设计师需要协调各个时期的位置，并在工作室中完成不同阶段布景。这部电影是罗素自掏腰包拍的，预算很少，票房很差，口碑也不好。影片充斥了无尽的呐喊和咆哮（事实是导演鼓励演员们除了呐喊和咆哮什么都不用做），展示了一个彻底荒谬和虚幻的有关艺术和创造力是什么的概念。煞费苦心的自然主义场景，与电影所要呈现出的创造力的虚幻性态度格格不入。毫无疑问，

1 贾曼：《跳舞礁》，第28页。
2 贾曼：《以卵击石》，第170页。
3 亨利·戈迪埃（1891—1915），法国艺术家和雕塑家，他发展了直接雕刻（direct carving），一种粗糙的原始风格。（编注）

德里克从这次经历中学到了一点：他可以通过为别人做设计来谋生，却到最后没有自己的东西可以展示。不过钱是要挣的，德里克也喜欢和敢于冒险又歇斯底里的罗素一起工作，所以，在 1973 年春天，他在罗马为罗素的电影《巨人》（*Gargantua*）工作了数周，直到该项目解散。一个意外收获是，他在罗马遇到了一个新情人，一个身材瘦小、精力充沛、女性化的男人杰拉德·因坎德拉（Gerard Incandela），这一年 5 月跟着他一起回到了伦敦。

1973 年 9 月，德里克为伦敦艺术节芭蕾舞团的《月亮上的银苹果》（*Silver Apples of the Moon*）工作，结果是“我做过的最好的设计”连同该剧的其他部分一起被该公司的主管否决了，原因是舞者穿的“肉色紧身衣”。演出原计划在伦敦大剧场举行。结果设计师告诉我们，在牛津的两场演出，他的舞美设计得到了观众“情不自禁的掌声”[1]，这个设计中，灯光效果尤其壮观。与此同时，伦敦码头区的仓库发生了一系列火灾。“先烧毁的是美丽的摄政大楼，去年我推荐给约翰·贝吉曼（John Betjeman）[2] 列选的那幢”。[3] 当时的传言是，这些建筑是被急于拿到河岸土地的房地产开发商烧毁的。短短两年后，德里克不得不搬出他在河岸的漂亮房子，并于 1973 年在巴特勒码头租了一间仓

1 两处皆引自贾曼：《跳舞礁》，第 132 页。
2 约翰·贝杰曼（1906—1972）：英国桂冠诗人。他是维多利亚协会的创始人之一，致力于保护维多利亚式建筑。（译者注）
3 贾曼：《跳舞礁》，第 131 页。

库的一部分。一天晚上，大火逼近了这栋建筑，德里克河岸房间里的最后一道光，来自于一台电影放映机，当时他正和朋友们在看《仲夏夜之梦》（*A Midsummer Night's Dream*）和他小时候最喜欢的《绿野仙踪》（*The Wizard of Oz*）。他们从黑暗里爬了出来，此后这儿的灯再没亮过。计划流产的沮丧，房地产开发商的侵扰，是很难让人消受的，幸好有因坎德拉在身边，事实上德里克也已经开始用一种截然不同于罗素的方式做自己的电影：采用 8 毫米手持摄影机［他的第一部电影《电动小精灵》（*Electric Fairy*），这部原以为已经丢失的电影被重新找到，并在马尔科姆·利（Malcolm Leigh）的帮助下转成了 16 毫米版本[1]］。8 毫米摄影机激发了他的创造力和激情。

超 8 摄影机[2]（以下简称"超 8"）体积小，重量轻，易于装卸，操作简便，带有内测光，可以不同速度拍摄。1972 年，德里克从美国来的朋友那里第一次借用过这种机器，后来他有了自己的摄影机，并开始用它拍短片，对它的物质性和技术可能性进行了探索，获得了一种非同寻常

1 克莱夫·霍奇森（Clive Hodgson）的"采访德里克·贾曼"打字稿，采访关于 1970—1976 年代的 8 毫米电影，未注明日期。贾曼将《电动小精灵》的日期定为"大约 1970 年"。英国电影学院（BFI）将其存档为德里克·贾曼 Ⅱ，盒 56（Derek Jarman Ⅱ catalogue, Box 56）。在 1983 年 2 月 7 日的笔记（"拼图"第二部分）中，贾曼将"电动小精灵"的日期定为 1970 年秋天（BFI Jarman Ⅱ，笔记 18）。

2 超 8 摄影机（Super-8 camera），实验电影和影像艺术家的一代神器，使用超 8 毫米胶片（Super 8mm film），该胶片 1965 年由柯达推出，比传统 8 毫米胶片宽，拍摄面积更大。（译者注）

的自由感：在说出来前，你都不知道该说些什么。你可以梦见远方的土地。[1] 与绘画时的孤立感迥然不同，他的新手持电影需要朋友的合作，从一开始就有达吉・菲尔兹（Duggie Fields）、克里斯托弗・霍布斯、凯文・惠特尼（Kevin Whitney）、露西安娜・马丁内斯（Luciana Martinez）和因坎德拉。早期的拍摄对象是这些朋友，拍摄内容是埃夫伯里的石阵、埃及、火、炼金术和死亡之舞［后成为电影《死亡之舞》（*Death Dance*）（1973）］。德里克开始把电影想象成一种炼金术：光和物质的结合，光直接作用于物质的变化。

《路克索花园》（*Garden of Luxor*）（1972）展现了德里克早期电影中制造梦幻效果的简单做法。两张明信片——金字塔和路克索的一个花园——构成了这部电影的基础。先拍一张明信片上的场景，然后投射到另一张的场景上。这一重叠场景，用滤镜重新拍摄下来，影调呈现时而红色，时而蓝色。然后将这个画面投射到靠墙站着的人身上——一个拿着鞭子，另一个只有侧脸——再拍下来。从这一时期开始，德里克用超 8 形成了一种美学，基于溶解、叠加、柔化、闪光、太阳在水上的舞蹈、质感、缓慢而夸张的动作、融合和借用碎片、组合、光线作用于物质（如光直接照射到镜头上）、通过滤镜或影像转印添加颜色（不仅仅是

1 贾曼：《跳舞礁》，第 129 页。

自然颜色)、创造隐喻。简而言之，他发展了一系列的技巧，这些技巧往往会引起遐想、精神浮游和梦境。

与在绘画界的“滞后感”完全不同，他在电影方面感觉自己像一位先驱。谈到自己的早期电影，他在《镜子的艺术》(*The Art of Mirrors*)(1973)中回忆了这种新媒介带给他的兴奋：

> 这是我所见过最不寻常的镜头……感光镜将太阳光摄入相机，测光表设置为自动，让整个胶卷变成负片……这只能在带有内置测光的超 8 摄影机上完成。最后，我们得到了一些全新的东西。[1]

物质和技术的可能效果让德里克无比兴奋。这不是一个单纯将产生兴奋的功能留给主题的那种传统或简单的视觉设备：这是德里克可以用来制作和完成自己感兴趣的事的方式。超 8 带来了色彩品质和质感的可能性。他的父亲和外祖父普托克(Puttock)都拍过家庭录像，德里克现在可以继承这一家庭传统，并超越他们，不仅用新媒介记录自己的生活[尽管他也在这样做，1994 年的电影《格利特布》(*Glitterbug*)就证明了这一点]，而且更重要的是，他在做艺术创作。他还为超 8 的低成本感到高兴，“整个过程

1 贾曼：《跳舞礁》，第 124 页。

很神奇——一种实现梦想的工具……而且成本几乎为零”，他立即用一个隐喻证实了这种结合的电气化本质，这个隐喻强调了电影的媒介就是现代炼金术：“资源足够小；所以当独立制作拥有一种纯粹的方式时，我的手就在哲人的石头上了。”[1]

特别是最初的几年，他会在拍这些电影之前写剧本，但随着对这种媒介可能性的理解不断加深，他最终意识到，不需要写剧本，甚至不需要叙事。一盒超 8 胶片，用正常速度可以播放 3 分钟的电影，电影作者可以用它拍下画面、象征性的意象、不经意瞥见的美丽景色，并保存下来，以便日后合成到一个更大的项目中（或者根本不用）。这些电影片段有点像为做一次展览而挑选的那些早期绘画，也类似于后来被用在长篇文学创作中的那些笔记，甚至类似于诗歌，偶尔起兴创作，而后收集到一本书中，按一定的顺序组成诗集，最终成品超越其中任何单独一首的意义结构。这种灵活性，加上相对低廉的价格，让他摆脱了创作条件的束缚。

或许是受到自己艺术新目标的鼓舞，德里克在 1974 年 1 月大胆拒绝了罗素关于设计高成本电影《汤米》（*Tommy*）的提议。在表达自己的这些想法时，他表露出作为一名团体成员的感受，并希望朋友们比过去更努力：

---

1　皆引自贾曼：《跳舞礁》，第 128 页。

“虽然大家都身无分文，但我不愿意只是在厨房负责熬汤。”[1] 这显然是一个至关重要的决定。如果将时间放长来看，这个决定并不意味着他为别人设计的终结。恰恰是在后来的几年，德里克再次在罗素身上实现了自己这方面的最大成就，当时他在极短的时间里设计了罗素 1982 年执导的、斯特拉文斯基（Stravinsky）以威廉·贺加斯（William Horgath）的版画系列为蓝本的歌剧《浪子历程》（*The Rake's Progress*）。德里克的设计气势磅礴，大胆而坚定，用 20 世纪的伦敦取代了贺加斯笔下 18 世纪伦敦的城市愿景。其中的妓院场景，德里克画了一组硕大的裸体男性形象，他们闭着眼睛，暗示沉睡或死亡。背景深处有一扇菱形玻璃窗，两边蹲着手捧头骨的男子。所有这些都给人一种布莱克（Blake）风格的印象，舞台上形成一个黑色的空间，与相对矮小的表演者相映成趣。巨像的腿骨和胸骨下方是浪子的卧室，将灭绝和死亡的景象融合在一起（舞台周围站着麋鹿、大猩猩和长颈鹿的标本）。作品获得了巨大成功，深受意大利观众的欢迎。在天使地铁站中有这样的场景，魔鬼以“身穿厚厚的黑色皮大衣的毒贩”形象出现，贺加斯的肖像画作为广告海报出现在那里，然后在一股烟雾中翻过铁轨栏杆离开，这称得上是独具匠心的舞台设

---

1 贾曼：《跳舞礁》，第 134 页。

计。[1] 天使地铁站里的瓷砖拱顶让人想起《卢丹的恶魔》中修道院的瓷砖拱顶。鉴于德里克早前设计《唐·璜》的失败，能在这部歌剧的故乡取得成功对他有着重要意义。

尽管如此，德里克 1974 年 1 月作出的这一决定，最终对他电影生涯中转向自己的电影至关重要。他希望这能激励他的朋友帕特里克·斯蒂德（Patrik Steede）写剧本。斯蒂德是德里克的朋友，两人为了策划一部关于圣塞巴斯蒂安的电影已经花了很长时间（这部电影最初的想法似乎来自斯蒂德）。从 1973 至 1974 年，德里克显然觉得斯蒂德对这个项目不太上心，但除了等待斯蒂德的剧本又别无选择。[2] 德里克 1974 年在纽约待了几个月，用超 8 摄影机拍了不少，包括他首次尝试的长片《日影之下》（*In the Shadow of the Sun*）。他享受这种随意性（包括性爱），却对美国人那种不可捉摸的伪善很不适应（1964 年那次来也是），他对这次旅行并不满意："我的性格不适合待在纽约——我的纽约之旅似乎建立在一种自毁的冲动上。"[3]

在我们离开这些年之前，以美丽的河岸阳光房为中心，我们应该留意下德里克用全然不同的媒介所做的另一项创造性工作。1972 年，德里克在贝蒂斯科姆出版社（Bettiscombe Press）出版了诗集《鱼嘴里的手指》（*A*

1 贾曼：《跳舞礁》，第 225—226 页。
2 同上，第 134 页。
3 同上，第 137 页。

*Finger in the Fishes Mouth*）。反光的银色封面上刻有德里克手写的书名和签名。封面图片是威廉·冯·格鲁登（Wilhelm von Gloeden）[1] 的摄影作品，一个戴着宽边草帽、咧着嘴笑的青年正看着我们，手里拿着一条飞鱼，用右手食指摸着鱼嘴。封面和诗集之间的关系是完全有问题的，世纪之交的地中海世界显然在诱发关于书中内容的想象，但如果说封面的反射率和德里克的签名在诉说主观性和客观性，那么不确定性和开放性就成了构成诗集整体的至关重要的因素。但事实上，诗歌从没有成功地讨论过这个主观/客观的问题，其结果是，诗歌的一些象征特征变得模糊了。这一时期影响德里克诗歌创作的有意象主义、超现实主义、T. S. 艾略特（T. S. Eliot）和垮掉的一代。垮掉派的一个重要观点来自于艾伦·金斯堡提出的一个著名目标："思想是有形的，艺术是有形的。"如果作者的心理（智力和情感）和精神准备足够好，那么他的艺术就会是好的。杰克·凯鲁亚克在 1955 年出版的《现代散文的信条和技巧》（*Belief and Technique of Modern Prose*）"要点列表"一节中也表达了这一观点。在这个困难的目标上，德里克似乎还没有完全成熟。

德里克似乎很快意识到了这部诗集的薄弱：柯林斯说德里克想撤回这本诗集，认为这是一部失败之作。[2] 目前

1 威廉·冯·格鲁登（1856—1931）：德国摄影师，裸体摄影艺术的先驱之一，作品以南欧地中海地区的裸体少年为主，并因其完美的采光与优雅的姿势受到后世推崇。他也是第一个使用滤镜与人体彩绘技术的摄影师。（译者注）

2 凯斯·柯林斯：作者专访，2009 年 7 月 30 日。

为止最广泛讨论这本诗集的人是斯蒂芬·迪隆（Steven Dillon），他分析了其中那些有意为之的反常规的诗序（例如标注题为“诗三”却是这系列诗集的第十四首诗）和其中的词汇和图像的特征。[1] 每一首诗不仅由词汇组成，也是旧明信片的再创作，页码的标注是为了确保每首诗能双页展示，形成了左边是图像右边是文字的样式。所以书的装帧形式其实也在这个思考“文学为何”时期偶尔会尝试的实验对象（这导致了这时期以照片为插图的小说的出版，比如约翰逊（B. S. Johnson）的长篇小说，可以按任何顺序阅读，因为它是将未装订的纸张放进一个盒子里出版的，而不是装订成印有封面的固定顺序的书）。[2]

德里克对图像的运用带来了解释上的困难。例如他在《跳舞礁》的一章中加入了“诗一”，记录他在 1964 年与罗恩·赖特的性觉醒，这种用法似乎很合理，因为园艺的隐喻与把爱比喻为鸦片是相互协调的：[3]

如常的沉默

　　在世界中

我爱的白罂粟

　　在舞蹈

1 斯蒂芬·迪隆：《德里克·贾曼的抒情电影：镜与海》（*Derek Jarman and Lyric Film: The Mirror and The Sea*），奥斯汀，德克萨斯，2004，第 34—49 页。

2 B. S. 约翰逊（B. S. Johnson）：《不幸》（*The Unfortunates*），伦敦，1969。

3 贾曼：《跳舞礁》，第 65 页。

这首诗也出现在德里克所写的《约翰·迪伊博士与镜子艺术》(Dr John Dee and the Art of Mirrors)[1] 的草稿中。但是，他把这首诗印在《鱼嘴里的手指》的书末，背面是亨利·马蒂斯（Henri Matisse）老年时的照片，问题是谁会隔着书页朝着这首诗看（尤其是当我们必须先辨认出马蒂斯时）?

前一首诗的编号是29，用的明信片是“路克索花园”（即德里克在他的同名电影中使用的那张明信片）。这本书中有几首诗都有一个与埃及有关的主题。编号29的这首诗题为《三月诗句碎片64》(Word Poem Fragment March 64)。

　　大海的游吟诗人
　　米斯托纳西北风
呼啸着穿过街上的栀子花

松树外面
金雀花过滤着尘埃

你是一个看守人
来到这被遗忘的风景

1 英国电影学院，德里克·贾曼主要音频，盒3，条目1b。

　　在道路弯曲处
　　在岩石回环处

他叹息着把花放在
一起
　　被马蹄碾碎
　　一起小心地
　　花蕊和花萼
　　花瓣和绿茎
他曾教骑马人穿过这里

　　墙正在开裂
玫瑰的喘息声不断
随着风
　　风呼啸着穿过渐远的山峰

这庭院的砖瓦
　　是来自马约利卡的蓝色
　　什么是塞尚
　　说的蓝色
　　层叠的石头
　　被风抛掷和挖空

园林意象；艺术与自然的侵蚀；古典空间碎片的拼贴；在埃及语境中对现代主义艺术的观照［这是一种中断还是潜在的延续？当然是后者：塞尚（Cézanne）应该说点什么，而非沉默］。所有这些都揭示了德里克的一系列创作主题，其中一些贯穿了他的一生，另一些则在 20 世纪 70 年代初特别流行，当时着迷于超 8 和炼金术的同时，在他的作品中也经常提到古埃及。对神秘主义者来说，古埃及有一个黄金时代，当时深奥的知识、艺术和宗教都被统一起来。通过蓝色的瓷砖、玫瑰、重新找回的遗忘风景、作为从当下到梦中风景的通道的明信片，德里克开始拼凑出一个理想的世界，当然，（理想世界再坚固）也如大山会受到侵蚀，但愉悦的可能性也隐藏其中。

本书的最后一首诗［《诗七：告别》（Poem Ⅶ Farewell）］通过金字塔的图片回到了埃及的主题。这种感觉就像是一首挽歌，诗人在他的作品中梳理着已经取得的成就："我们已在意大利等过新形式的到来/并且发明了玫瑰园/广告牌上的应许之地/极速驶向荒芜。"最后一句话中，哀伤的感觉加深了：

我们在建造一座大理石纪念碑
去掩盖一座坟墓
这些日子将被铭记
我们所失去的已被证实

# 4 1970年代的剧情片

德里克在1975年1月遇见了詹姆斯·威利(James Whaley)，一个想要成为电影制片人的年轻毕业生。威利已开始对关于圣塞巴斯蒂安的企划表现出兴趣，只要这个电影想继续推进，德里克就必须把斯蒂德从这个企划中去掉。但因为这个企划是基于斯蒂德的脚本，所以电影上映之时斯蒂德可能会起诉，但最终他只是对德里克进行几次辱骂。斯蒂德一直是个有问题的朋友。他的想法总是倾向于极度的悲观和虚无主义，德里克可能已经决定，如果斯蒂德不继续参与，考虑到威利具备充沛积极的能量，该企划反而将有更大的成功机会。1968年，斯蒂德参与了由德里克的朋友彼得·洛根发起的一个团体艺术展，德里克却被排除在外。他为此难过了很长时间，所以把斯蒂德从《塞巴斯蒂安》(*Sebastiane*)企划中"踢"出去可能也有报复的成分。

德里克从未接受过任何正统的电影训练，也没有从事过副导演的工作，便直接开始导演剧情片。20世纪70年代早期是一段试验时期，不过德里克已经有了用他的超8拍电影的经验，例如《死亡之舞》(1973)和《镜子的艺术》(*The Art of Mirrors*)(1973)。因此在如此大规模的制作面前，制片人和导演都完全是新手的情况下，他们明智地聘用有经验和技术的剪辑师和得力助手保罗·胡斐斯(Paul Humfress)，或许是由于他的才干和这个小而精的团队，这部电影最终效果到达预期。德里克的一位意大利朋友提供了让他们进入撒丁岛的部分海岸进行拍摄的机会，并且在 1975 年夏天，德里克在那里得以再造一个古老的梦想，这个梦想曾经于出现在他的绘画训练中，但因为 10 年前斯莱德的古董室关闭而被截断。在电影这个新的媒介中，德里克制造了一个罗马帝国晚期的前哨站。至少有一段时间，当人们在此拥抱，创造和探索一首首由物件和文字组成的古怪诗歌时，这种对古代世界的想象变得如田园诗般美妙。

《塞巴斯蒂安》讲述了这样一个故事：在地中海海岸一座偏僻的瞭望塔周围，罗马士兵互相取笑和折磨，一部分是出于无聊，另一部分是出于心理性别的原因。他们喜欢让黑甲虫角斗，也喜欢在海里打球，但他们却陷入了更危险的问题之中：有关权力、暗恋和犯罪。最后，指挥官下令处决其中一人，即塞巴斯蒂安(Sebastian)。他似乎是想通过这样做打破这里正在发生的暴力循环。[1] 多姆·西尔

1 在勒内·吉拉尔(René Girard)的《暴力与犯罪》(*La Violence et le sacré*)(巴黎，1972 年)中提出的方式：在德里克的圈子里，帕特里克·斯蒂德有可能知道这本书，但也有可能多姆·西尔维斯特·霍伊达德或杰克·韦尔奇(Jack Welch)读过这本书。

维斯特·霍伊达德是德里克结识多年的朋友，曾就把剧本翻译成拉丁文一事征求过他的意见，但最终美国年轻学者杰克·韦尔奇承担了这项任务。这部电影中的语言完全是拉丁语。它的特点是有大量的男性裸体和一些同性恋者亲热的镜头。尽管如此，这部电影还是在伦敦上映了一年（从1976年10月开始，在诺丁山的大门电影院上映4个月，然后转到伦敦西区），并在英国其他地方获得了广泛的曝光，德里克出席了在约克、曼彻斯特、雷丁、布里斯托和赫尔的开幕式。现在很难想象会有这样的广泛程度，难道我们不是进入了一个更美好的时代吗？

整部影片展现了在一个封闭的全男性社会里，存在着权力的变态和欺凌的氛围，任何上过公立学校的观众对此都很熟悉。在瞭望塔，指挥官西弗勒斯（Severus）出于性挫败和施虐的动机责罚塞巴斯蒂安。他的决定激发起了一个名叫马克斯（Max）的精神病患士兵对死亡的狂喜。然而，这部电影绝非一片阴郁。它也有着旺盛的生命力和幽默感，其中大部分还围绕着马克斯的身影（比如，他曾经吃过一只黑甲虫）。还有一个穿着豹皮、戴着豹头的怪人潜伏在沙丘里，这些都达到了滑稽的效果。比如士兵们在海里嬉戏打闹，早上醒来假装晨勃等。对于德里克和许多观众来说，这部电影是一部成功之作，通过安东尼（Anthony）和阿德里安（Adrian）的热拥，将同性之爱搬上了主流荧屏。德里克声称，电影上这种开放和抒情的处理方式此前没有先例。地中海的风景也是这部电影的另一大亮点。塞巴斯蒂安的朋友贾斯汀（Justin）潜入水中寻找一个美丽异常的贝壳，他们两人倾听着贝壳，试图破译它关于古老的神祇和来自远方的信息。阳光照在海水上闪闪发光。塞巴斯蒂安在一片断壁残垣里表演了一支“水面上的太阳”舞蹈。为了完成这段牧歌般的情景，还有一群脖子上挂着铃铛的山羊经过。在电影中塞巴斯蒂安朗诵了两首诗，表达他对一位年轻男性太阳神的爱。《鱼嘴里的手指》中的诗歌只能用旧明信片来作为诗句的补充。在《塞巴斯蒂安》中，德里克能用电影运动的画面来搭配诗歌。在第一首诗中，西弗勒斯看到塞巴斯蒂安在的院子里沐浴，因此在所展示的窥视癖和诗中的文字之间出现了一种色情的暧昧（“他像神圣宝石中的金子一样闪闪发光”）。在第二首诗中，塞巴斯蒂安以自恋的方式凝视着一个岩池。

如果我们了解到塞巴斯蒂安并不是这部电影的主人公，也不是德里克想象中的主人公，（虽然大多数批评观点都认为他是[1]），这将有助于我们理解《塞巴斯蒂安》。纠结于此会阻碍我们对影片的清晰思考。塞巴斯蒂安担任主演以及马克斯的对立面，但最具同情心的角色是他的朋友贾斯

---

1　斯蒂芬·迪隆在《德里克·贾曼的抒情电影：镜与海》一书中将塞巴斯蒂安作为主角，第 62—70 页。迈克尔·奥普雷（Michael O'Pray）：《德里克·贾曼：英格兰之梦》（*Derek Jarman: Dreams of England*），伦敦，1996，第 80—94 页也是如此。奥普雷对《塞巴斯蒂安》的大量评论过分强调了“帝国终结”这种解读（罗马帝国在公元 300 年所代表的事件发生后又持续了一个半世纪），而忽略了宗教更替的问题。

汀，试图保护塞巴斯蒂安并替他承受巨大的痛苦。德里克不会同情塞巴斯蒂安，他的存在有助于引入基督教，在德里克看来，基督教是试图镇压同性恋的势力。事实上，在《后果自负》一书中，他很清楚地表明了自己的态度："塞巴斯蒂安，那个拒绝做爱的傻瓜基督徒，活该被箭射中。谁会为这个柜中人感到难过吗？"[1] 塞巴斯蒂安将他明显的同性恋情感升华为神圣的情感（他对上帝的爱显然是同性情感），同时拒绝与任何人进行真实的性接触。他受到惩罚不仅仅是因为他是个基督徒，而是因为他不做爱。他似乎害怕性爱带来的愉悦和失控。

马克斯和塞巴斯蒂安的戏剧冲突是异教徒和基督徒对身体的不同态度。异教徒的态度是，身体可以提供各种各样的快乐，也应该用来提供快乐。基督徒期待来世的报偿，贬低现世的生活。塞巴斯蒂安总是无精打采，他的低落和克制，把他推向了厌恶这个世界的边缘，因为他认为他的恩典应该是死后才有的。（一次，塞巴斯蒂安遭受惩罚时，贾斯汀试图为他在阳光下遮住眼睛，塞巴斯蒂安请他让开，并抱怨说他不明白。）从人世的角度来说，塞巴斯蒂安的态度和周围的风景一样毫无生气。所有这些都有助于解释演员利奥·特雷维里奥（Leo Treviglio）总是显得平淡无趣的原因。尤其是他朗诵诗歌的片段，既不引人入胜，也不生

1　贾曼：《后果自负》，伦敦，1992，第 83 页。

动活泼。

塞巴斯蒂安不一定觉得自己是个受害者。罗兰·怀默(Rowland Wymer)对影片的最后一个镜头作出了一个令人信服的解释。在这个镜头中，德里克希望清晰地体现这是一部“诗意、神秘”的电影。[1] 怀默将其解释为表达塞巴斯蒂安与他的太阳神的结合：这个镜头是从塞巴斯蒂安的角度拍摄的，他绑在一根射满了箭的木桩上，士兵们似乎都一个接一个地下跪：然而，他们并不是向塞巴斯蒂安下跪，但就目前所见，除了一个人外，其他人都面对着夕阳。[2] 这个镜头在影片中是特殊的，因为它是通过广角镜头拍摄的，而不是传统的透视法。它甚至似乎显示出在遥远的海岸有一个看起来像岛屿的景物，似乎象征着椭圆的地球，这里也许暗示着一幅宇宙的图景。此外，与电影中的其他镜头不同，这里用了柔焦。

一旦我们知道了塞巴斯蒂安并非主角，这部电影就能产生更多理解和感官的层次。这不是简单的平铺直叙的影片，人们不会无故突然喜欢上什么，反之亦然。尽管这部电影节奏闲散，却没有冗长的时刻。完成撒丁岛的拍摄之后，德里克和保罗·胡斐斯发现他们没有足够素材完成一部传统的剧情片，必须再拍点别的什么。他们拍了一段在

---

1 贾曼：《跳舞礁》，第 142 页。
2 罗兰·怀默：《德里克·贾曼》(*Derek Jarman*)，曼彻斯特，2005，第 45—47 页。

戴克里先（Diocletian）[1] 宫殿里的狂欢，一段林赛·肯普（Lindsay Kemp）剧团的低俗表演，紧接着画面中一个年轻的基督徒被咬着脖子正在死去。这也变成了这部电影开头的场景，也是最带有罗素风格的一段。此后，影片在审美上相当节制，仅有光秃和干枯的背景，并未搭建布景，戏服和道具也少得可怜。

德里克并不享受拍《塞巴斯蒂安》的过程。保罗·胡斐斯担任联合导演时（德里克最初反对，但最终还是答应了），他们面对许多困难、争吵、退缩和挣扎。毫无疑问，德里克感到作为一个方方面面完全由他来承担重大责任的新手，只能摸索前进，如此快速地接受大量的信息令人精疲力竭。但无疑这段经历让德里克渴望电影制作过程中能有更多乐趣，而不仅仅是最终成品的成功。在临终前接受克里斯·利帕德（Chris Lippard）采访时，他说：

> 拍电影是如此艰苦的工作，以至于你会在结束时说：‘我拍了一部好电影，但我们度过了一段地狱般的时光。’我真的希望人们会说：“我们度过了一段美好的时光，我们也的确拍了一部好电影。[2]

---

1 戴克里先，原名狄奥克莱斯，罗马帝国皇帝，于284年11月20日至305年5月1日在位。（译者注）

2 克里斯·利帕德：对贾曼的电话采访，1993年11月，转载于利帕德编，《天使领路：德里克·贾曼的电影》（*By Angels Driven: The Films of Derek Jarman*），韦斯特波特，康涅狄格，1996，第166页。

这也暗示了对德里克来说，商业电影制作不仅仅是一种谋生方式，也是一种真正的生活方式。在《塞巴斯蒂安》之后，德里克开始创建一个不断更新的朋友圈子，或者说让自己身边总是围绕着一群喜欢和他一起工作的可靠好友。这样做的动机是为了确保布景和拍摄地点的有趣，同时也让电影的成功在很大程度上依靠朋友们的创造性贡献（同时确保德里克的主导地位）。

1975 到 1976 年的那个冬天，德里克与胡斐斯有一阵非常紧密的合作，他们一起剪辑电影，将可用的素材延展到适合剧情片的长度。根据德里克的说法，胡斐斯想要一部“慢镜头电影”，而威利则想要突出年轻英俊的裸体。[1] 结果威利得到了他想要的效果，胡斐斯的要求也得到满足了，因为他们别无选择（素材太少，几乎无法跟上他们狂飙的步伐）。

德里克作为一位电影制作人，凭《塞巴斯蒂安》而在世界范围内逐渐成名。在 1976 年他的一些通过超 8 拍的电影登上了当代艺术协会的大银幕，并被列入一个专门展出英国实验电影制作人的作品巡回展览。

根据德里克的说法，1977 年促使他拍摄电影《庆典》发生的一系列故事如下：朋克运动走上街头，占领俱乐部。他见到了他心中的“乔丹”（Jordan）[电影主角，帕梅拉·

---

1 贾曼：《跳舞礁》，第 142 页。

鲁克（Pamela Rooke）饰］——乔丹似乎是整个运动的缩影——并对她产生了兴趣。她衣着古怪，头发卷曲成火焰状，她在每天从布莱顿去伦敦的火车上涂脸，她在国王路上一家名为“性”的时装店工作。作为朋克的一分子，店员们总是千方百计羞辱顾客，顾客们也拼了命地糟蹋衣服或者直接偷窃。德里克的兴趣促使他拍摄了一个视频，被称作“乔丹之舞”（Jordan's Dance），用超8拍摄乔丹跳芭蕾舞的情景，影片中她穿着芭蕾舞裙（tutu）在祭祀场景中跳舞。书和其他杂物一起在篝火上燃烧，其中包括一张带有米字旗图案的海报。另外两个戴着面具的人也站在篝火旁。其中一个裸体男人戴的是米开朗基罗（Michelangelo）的《大卫》（*David*）面具，另一个人戴着骷髅头面具。那个拿书扔向火堆的年轻人把自己的头发剪掉以增加祭品。如果我们把这两个戴面具的人理解为艺术和死亡的象征，也许他们正在表演献祭，并以乔丹的舞蹈来庆祝。火代表着净化，消耗无用的杂物。背景中有一个人头上套着纸袋，外形看上去像狗头。德里克的超8作品《镜子的艺术》中也使用了类似的人物，她可能代表着某种深奥的知识。

《塞巴斯蒂安》的制片方威利和玛琳公司（Whaley and Malin）认为，在德里克执导的剧情片中加入朋克元素可以收获很好的经济效益。鉴于《乔丹之舞》整个被包含在《庆典》中，而且整部剧情片在某种意义上是建立在其之上的，因此出现了一些问题。这两部电影在艺术上的关系是什么?《庆典》是什么类型的电影? 毕竟，从威利和玛琳公司有利用朋克赚钱的想法到电影最终上映，德里克不得不构思，创作和塑造一些东西进去。其实《庆典》不是一部关于朋克的电影，也不是一部朋克电影。也就是说，它既不以朋克现象为题材，也不是按照朋克风格搭建结构。[举例来说，它并没有试图模仿那个时期那些很有趣但看起来业余的朋克迷。事实上，比如德里克在安德鲁·罗根的工作室里用手持超8摄影机拍摄几分钟性手枪乐队（Sex Pistols）表演，或许反而更接近朋克，它也确实吸收了朋克的布景和视觉元素。] 考虑到威利和玛琳想要什么，我们应该相信克里斯托弗·霍布斯的判断，他说如果说《庆典》是用朋克语言拍摄的，只是因为当时朋克无处不在。[1] 因此，把朋克暂时搁置可以更好地澄清这个问题:《庆典》是什么类型的电影?

这部电影比德里克对它的一些想法要纯粹得多。下面是电影脚本笔记中记下的“备用镜头”（Alternative Footage）[2]：

> 唐纳德（Donald）和乔丹，白天拍摄。
>
> 唐纳德干乔丹。这个场景在

1 克里斯托弗·霍布斯：电影《庆典：离黄金时代有多远》（*Jubilee: A Time Less Golden*）专访，斯宾塞·雷伊（Spencer Leigh），2003 年。

2 备用镜头：即作为主要镜头的补充镜头或替代镜头。类似 B-roll。（译者注）

（更正：相当写实的外景。）

清晨阿尔伯特纪念馆。艺术性爱。

罗伯特或某人的按摩

小男孩在床上抹油

让·玛尔给他口交

当他吃香蕉时。

汉普斯特德荒野，第五幕开头

裸体（Naked）＞下周（next week）

露西安娜赤裸地躺在床上

猫咪在她双腿之间

一个朋克男孩

身着皮衣镜子前面手淫

把露西安娜的猫换成

豹

如果可能的话——→

老女人在自慰

〈反动派已死〉

英格兰末日[1]

至此，我们在笔记中意识到，这些想法仅仅对电影分级制度中合适的等级开放。

这部电影的最终命名（它有不同的名称）取自 1977 年女王的庆典。这年，女王、皇室以及国家和地方政府官员试图号召民众举行街头狂欢和庆祝二战结束的公共餐会，来庆祝女王的银禧庆典（Silver Jubilee）[2]，人们上一次看到这一幕还是上世纪 50 年代初的女王加冕礼上，那时还有海军阅兵式和其他官方组织的活动。与此同时，经济正在衰退，英国不得不像第三世界国家一样，向国际货币基金组织（IMF）贷款。这一切让整个社会都笼罩着一层悲观情绪。《庆典》就是德里克在伊丽莎白二世在位 25 年的来自某个层次的反应。但很难描述这是一部什么样的电影。事实上，人们从来没有认定这部电影是一部反乌托邦电影和讽刺作品。**反乌托邦**，必先有一个悲观的“乌有之地”（**乌托邦**）形式，那是一个充斥着无差别暴力、没有法律和秩序、政府缺席或失效、世界成为强权的猎物、属于独裁者的极权主义乐土。在表达这一点时，影片想象了一个从 1977 年的角度看出去的未来。德里克讽刺的主要对象是资

1　英国电影学院，贾曼要点，盒 3，条目 4c。
2　伊丽莎白二世（Elizabeth Ⅱ）于 1952 年 2 月 6 日登基，1977 年是庆祝她登基 25 年的银禧庆典。（译者注）

本主义，它饥渴地想要拥有一切并从中获利，影片中心人物是波吉亚·金兹（Borgia Ginz），由杰克·伯凯特（Jack Birkett）扮演。他逐渐收买了伯德的女性帮派（德里克后来称其为“我们的媒体女英雄小帮派”[1]），住在白金汉宫，拥有自己的媒体。在影片的结尾，“女主角”带他去乡村度假，在朗利特庄园（Longleat House）他们发现阿道夫·希特勒（Adolf Hitler）用德语咕哝着说，他是“20世纪最伟大的画家”。

因此，《庆典》的矛头直指国家的实质（在这里由警察的行为和君主制来衡量）以及试图剥削和摧毁艺术的资本主义。一部讽刺作品应揭露讽刺对象的下流、愚蠢、暴力和邪恶。讽刺也需要幽默，尽管《庆典》具有反乌托邦的特质，但有一种不羁的幽默总是出现在出乎意料的地方[例如女演员克莱尔·达文波特（Claire Davenport）作为多塞特边境的极权主义卫队的一员，穿着苏联红军制服，无论是奇观性还是概念上都是滑稽的]。德里克把这部电影比作20世纪50年代的伊灵喜剧（Ealing comedies）[2]：“在我们的电影中，笑声是紧张的，但它确实存在。”[3] 然而，讽刺也需要评价功过来说明问题。讽刺需要找到一种替代直

1 贾曼：《跳舞礁》，第179页。
2 伊灵（Ealing）是伦敦的一个地名，伊灵片场是位于伊灵区的一个电影制片厂，在20世纪50年代出品了多部著名的喜剧电影，它们被称作伊灵喜剧。（译者注）
3 《庆典》法国版宣传时引用贾曼的话，英国电影学院，贾曼要点，盒4，条目11a。

接谴责腐化世界的方法，而这种方法必须是能够站住脚的（在某种道德或哲学意义上）。在《庆典》中，最明显的例子出现在框架介面（framing device）[1]，优雅的女王伊丽莎白一世（Elizabeth Ⅰ）被一位真正的魔法师约翰·迪伊取悦，他能够召唤一位真正的幽灵——爱丽儿（Ariel）。在这里，16 世纪的伊丽莎白时代是一个黄金时代，与之形成鲜明对比的是，它展示了一个令人遗憾的未来。德里克也许希望他能拥有并居住在这个描绘出来的有魔法的世界里，但他知道这只是想象：在这里伊丽莎白和迪伊的世界是一个无形的幻想。因此，对于现在伊丽莎白二世统治的充满反乌托邦色彩的未来，这种怀旧的替代是一个很好的选择。斯芬克斯（Sphinx）[卡尔·约翰逊（Karl Johnson）饰] 和安吉尔（Angel）[伊恩·查尔森（Ian Charleson）饰] 这两个角色不是危险的虚无主义者，而是流浪的智者，他们对周围的生活和社会持怀疑态度，试图说服孩子（The Kid）[亚当·安特（Adam Ant）饰] 不要和克劳伯（Crabs）混在一起，也不要和波吉亚·金兹签约，应该和孤独的艺术家维芙（Viv）坦诚相交，追寻他们自己的同性关系。它们与维芙一起代表着理性的元素，努力让自己的双脚站立在反乌托邦世界的黑暗中。

在有关《庆典》的评论中，安吉尔、维芙和斯芬克斯

---

1 框架介面：即框架叙事，本为一种文学技巧，一般为故事套故事，框架故事的作用是引导读者从第一个故事进入其中的一个或多个其他故事。（译者注）

三个角色在这方面的重要性最容易被误解。[1] 评论家认为，电影中的关键主题是爱的匮乏。克劳伯对爱情的追求确实是具有讽刺性的。她杀死了她的性伴侣，接着和鲍德（Bod）、麦德（Mad）一起将尸体扔入泰晤士河的淤泥中。克劳伯对没有找到真爱表示遗憾，但鲍德向她断言“爱被嬉皮士扼杀了”。然而，在这个场景还没有结束之前，我们听到安吉尔唱着“我的爱就像一朵红红的玫瑰”的画外音，然后才切入下一个场景，他和搂着维芙肩膀的斯芬克斯一起躺在床上，当歌曲结束时，安吉尔对斯芬克斯说他爱他，斯芬克斯回答说他也爱他，维芙回头告诉这两个男孩她爱他们。看起来似乎爱最终得到了救赎，并且爱存在于同性（也可能是双性）和艺术之间。

因此这三个角色代表了一个腐朽的世界里仅存的善，这增加了影片中两个重要的元素的力量。其中之一就是维芙所说的艺术家。她说，艺术家偷走了世界的能量，拥有世界的人把艺术家逼到角落里（因为能量是危险的），唯一的希望是“重建我们作为艺术家的形象，为所有人释放能量”。这里的“能量”似乎意味着灵魂，或者说生命力，而维芙代表了德里克自己的观点。在此后的电影和写作中，

---

1　在罗兰·怀默：《德里克·贾曼》；迈克尔·奥普雷：《德里克·贾曼：英格兰之梦》；克里斯·利帕德：《天使领路：德里克·贾曼的电影》，特雷西·毕加（Tracy Biga），劳伦斯·德里斯科尔（Lawrence Driscoll）；威廉·彭卡克（Willian Pencak）：《德里克·贾曼的电影》（*The Films of Derek Jarman*），杰弗森，北卡罗莱纳中均被忽略或误解。

他反复地强调这一点，而《庆典》是这一重要主题在他的作品中第一次出现。正如我们在《跳舞礁》最后一章中所看到的，德里克反复地将艺术与偷窃画等号（偷窃世界上日常的创造力：从罗宾·诺斯科的例子中得到**反证**，他用他的艺术小屋传播创造力，他对手工艺传统的尊重，他的房子和他对实用技能的必要性的态度）。在这里，维芙提出了一个革命性的观点：艺术家的革命不会以政治革命的名义为后者服务。相反，它必须是一场关于艺术和艺术家的革命，这样才能实现（或有助于）更广泛的解放。

第二个重要元素是安吉尔和斯芬克斯名字的关联。“斯芬克斯”直接暗含着深奥的知识，这是古埃及人在奉献、知识和行动之间没有任何隔阂的“贾曼式”的梦。[1] “安吉尔”的名称将反乌托邦的行动与女王伊丽莎白一世的框架介面联系在一起。约翰·迪伊反复称爱丽儿为“天使”。因此，这两个角色之间存在隐含的联系，这使爱丽儿关于世界的话语产生了额外的共鸣。他说：“平等的存在不是为了众神，而是为了人类。”“考虑世界的多样性并敬畏它。”这些话显然超越了 1978 年的现实生活。

因此，德里克在影片中位于核心却又秘而不宣之处，以戏剧化的方式宣告了他对创作活动和艺术能量的态度。

1 这个梦促成了贾曼未成为现实的电影项目《阿肯那顿》（*Akenaten*）。见贾曼：《在空中：电影手稿集》（*Up in the Air*：*Collected Film Scripts*），伦敦，1996，第 1—40 页。

与此相关的是，朋克现象的其他一些因素也到位了，比如朋克音乐提供了一个替代现有音乐产业的选择，这个音乐产业已经无可救药，完全丧失了它的艺术边界。如果有人记得的话，那是湾市狂飙者乐队（Bay City Rollers）的时代，阿尔文·史达杜斯特（Alvin Stardust）的时代，飙着高音、充斥着空洞迪斯科的比·吉斯乐队（Bee Gees）的时代，洛·史都华（Rod Stewart）加入脸乐队（The Faces）之前的时代，他们想要"航向"好莱坞的"轻松聆听"（easy-listening）[1] 音乐领域，在那里找到一席之地。德里克在《庆典》中对此表示怀疑，鉴于融资结构，是否有人能够抵制被收购。只要牟取暴利——而非产品的审美价值或过程价值——仍然是最高的利益，这种情况就仍有损于创造性活动。

关于《庆典》的一个注脚昭示了这些问题。时装设计师薇薇安·韦斯特伍德（Vivienne Westwood）去看了这部电影，就此写了一篇文章，以信的形式印在 T 恤上给了德里克。她赞赏他所创造和信靠的制作电影方式带来的创造性能量的释放：

好——低成本，独立，用朋友当演员，无股权合作制。

1 即好莱坞的轻松聆听音乐，有时也叫情绪音乐，是流行于 1950 到 1970 年代的音乐流派，通常用于广播背景音乐，通过适当的编排以适应当天的广播内容。（译者注）

> 无股权成员不需要去‘表演’，而是可以说出自己的台词，就像在念脑海中的一本小书，因为这种表演的呈现效果与那种依赖于角色背后的人拥有多少人性力量的表演截然不同。[1]

这段话表明，韦斯特伍德了解并赞赏德里克对他想法的实践，即艺术家需要重新塑造自己成为艺术家去释放创造力，并将其带给世界。但是，她表示对伊丽莎白女王的框架介面难以理解。特别是她拒绝——也许出于意识形态原因，谁知道呢？——爱丽儿呼吁多元化和平等。她还在T恤上填满了对德里克个人及其性取向的尖刻、无端侮辱，并有一度郑重其事地试图教导德里克该怎样工作。

不过，德里克也有他的报复方式。在T恤上写完“民族主义是低劣的，伊丽莎白二世是商业骗局”之后，韦斯特伍德于1992年被伊丽莎白二世授予大英帝国勋章(Order of the British Empire)。德里克在他的日记中写下下面这段话，后来在《慢慢微笑》中发表：

> 薇薇安·韦斯特伍德接受了大英帝国勋章，彻头彻尾的蠢婊子。荒唐的时代与我们同在：这位极具朋克精神的朋友接受了背叛勋章，坐在他们空洞浅薄的沙龙里，毁掉了他们的创造力——就像我橱柜里的木蛀虫。我想放一盏一人高的

1 文章和T恤见于《庆典》标准收藏版DVD，2003年。

驱虫灯，点亮它的宝蓝色光，来烧掉这只跟她一样的蛀虫。[1]

或者，就像波吉亚·金兹在电影中的预言的那样："最后，他们都签字画押。"

为了指向或加强讽刺，《庆典》采用角色和事件配对的内在策略。在影片中约翰·迪伊的花园是一个和平与宁静的天堂，与影片的第二个花园形成鲜明对比，后者是轻蔑的退伍兵马克斯用全塑料制成。第二个花园的荒芜与迪伊的花园对比来凸显现代世界的质变。阿米尔·尼崔特（Amyl Nitrate）（乔丹饰）表演了两支舞。在超8摄影机下她的芭蕾舞生动地展现了她想成为一名芭蕾舞演员的愿望或幻想。第二支舞是她与波吉亚·金兹交易时呈现的《统治吧！不列颠尼亚》（Rule，Britannia!）的怪诞版本。这种强烈的反差表明，艺术抱负被资本淹没和买卖而转变为怪诞的东西。当然，从另一个角度来说，阿米尔的第二支舞蹈也是艺术。它讽刺了伊丽莎白二世登基庆典之后的后帝国时代。但是在电影的叙事中，波吉亚·金兹利用了俗套的沙文主义来达到牟利目的。《庆典》的另一个典型特征是与电影制片人的早期作品有关的笑话。轻蔑的退伍兵马克斯抱怨说军队中没有足够的杀戮，这里的马克斯就是由在《塞巴斯蒂安》中扮演疯军官马克斯的演员尼尔·肯尼迪

1 贾曼：《慢慢微笑》，第151页，"周六的入口"，1992年6月20日。

（Neil Kennedy）饰演。在《庆典》中，他吃的是毛虫而不是甲虫。身姿曼妙的露西安娜·马丁内斯被绑在灯柱上的姿态以与早期电影中塞巴斯蒂安的姿势相呼应。附近甚至也有一座塔：在大幅广告牌上的比萨斜塔。

这部电影最重要的观点是精神与物质的关系，部分是从内部相互对应的策略中显现出来的。在伊丽莎白一世时代，炼金术和神秘学知识活跃起来，并且变得可以被把握：伊丽莎白二世统治下的英国在哲学和经济上都是唯物主义，甚至国家的宗教都可以购买。正如波吉亚·金兹在他的另一句令人难忘的话中所言："没有进步，生活将无法忍受。进步取代了天堂！"他当然指的是所谓进步的想法，是一种由资本操纵的新型鸦片。在思想和生活上对唯物主义的热衷，加上对过去的全面否定，激怒了"波希米亚人"德里克。他告诉科林·麦凯布，他在写《庆典》时感到"愤怒"：朋克反叛运动使他身上的某些东西回到了他的校园时代。[1] 潜在的愤怒情绪掩埋在这部电影极端暴力的表面之下：杀害警察，鲍德通过虐杀纨绔子弟获得性高潮，警察杀害儿童等等。最终电影蕴藏的惊人能量呈现出德里克长期关注的主题，从极端暴力的元素到对多塞特海岸的热爱，再到对同性之爱的核心的坚持，到将电影放到音乐中（这直接预示着之后他在音乐电影 MV 上的作为）。《Vogue》的

1 贾曼：科林·麦卡布对贾曼的电视采访，英国电影学院，1991 年。

评论家们说这部电影“非常现代，而且非常迷人……表现出深切的同情之理解，这不是关于人们如何行动，而是关于人们如何梦想”。且有影响力的美国杂志《综艺》（*Variety*）赞扬其“野蛮而抒情的景象……令人触电般的表演，歌剧般的优雅和精密的叙事……贾曼甚至涉足了其他剧情片从未尝试的揭露国家的社会历史的方式”[1]。《标准晚报》、《Time Out》和《晚间新闻》（*Evening News*）也发表了一些其他赞誉。

1978年2月《庆典》上映时，德里克正在构思一部关于意大利画家米开朗基罗·梅里西（Michelangelo Merisi）的电影，这位画家更为人熟知的名字是卡拉瓦乔（1573—1610）。在看过《塞巴斯蒂安》之后，艺术商人尼古拉斯·沃德-杰克逊（Nicholas Ward-Jackson）认为德里克是拍卡拉瓦乔传记电影的最佳人选，他通过一位共同的朋友——画家罗伯特·梅德利（Robert Medley）——认识了德里克。20世纪70年代的德国艺术史学家提出卡拉瓦乔是同性恋或双性恋者的设想，因此，德里克被视为一个能够公正对待他的人，并能从被遮蔽的历史中重新开垦出一段酷儿生活史。[2] 卡拉瓦乔对绘画艺术有巨大的影响：他个人创造了明暗对比强烈的“暗调子”风格的巴洛克绘画，并在17

1　这两处皆引自英国电影学院，贾曼Ⅱ，盒56，条目3。
2　赫尔瓦特·罗根特（Herwarth Röttgen）：《卡拉瓦乔：研究与解释》（*Il Caravaggio: Ricerche e Interpretazione*），罗马，1974。

世纪初迅速传开，成为一种世界性的风格，后来被委拉斯凯兹（Velázquez）和伦勃朗（Rembrandt）等著名画家所采用。然而，卡拉瓦乔的名字并不如他们出名，更不如米开朗基罗（Michelangelo）、拉斐尔（Raphael）、提香（Titian）、丢勒（Dürer）或列奥纳多（Leonardo）出名。合同签订后德里克便开始工作。1978 年夏天的大部分时间，他都在意大利研究卡拉瓦乔的绘画，并为这部电影写下了第一版的剧本。然而，两件事接连发生，导致《卡拉瓦乔》暂时搁浅。

1978 年 8 月，德里克挚爱的母亲在历经 18 年病痛的折磨后去世。德里克那时 36 岁。他在《跳舞礁》中描述了她去世的场景，佯装他和他的妹妹盖伊在母亲去世时在场，但实际上他们俩都不在，并且正巧她的丈夫兰斯也缺席了。[1] 他在《跳舞礁》中这样描述：德里克问她："你还好吗?"她回答说："当然好，傻孩子，但是你不太好。"[2] 从事实的角度看，这种事似乎不太可能发生，但德里克认为这无疑代表了关于他母亲的真相。这表明她倾向于把别人对自己的担忧转移回别人身上。她拒绝谈论自己的需求，并试图做到即使自己处在痛苦中也要照顾孩子。他似乎能够从她那勇敢的面庞上看出她在故作坚强和坚守宽容，并试图通过自己的能量和努力给人以激励。

1　托尼·皮克：《德里克·贾曼》，第 260—261 页。他整理了当时发生的事。
2　贾曼：《跳舞礁》，第 184 页。

巨大的情感打击激发德里克完全坦诚地面对自己的感受：“当妈妈死后，我感到（病态的）欢欣。”[1] 他紧跟着这句话，写下一系列关于母亲卑微的一生过着幸福生活等诸如此类的内容，但他无法完全掩饰这种“欢欣”中那部分癫狂的能量。也许，随着父母权威的消失，权威可能引起的潜在冲突的消失以及与之相伴的对过去那些冲突的记忆逐渐消散，他的酷儿生活变得更加自由。这也许可以解释为什么在《跳舞礁》中有一个令人费解的并置叙事，他描述了一名英俊的年轻人在餐馆里注视着他，他看回去，然后立即开始描述他母亲去世的段落。两者之间没有任何关联，语调也明显不同。这个凝视似乎完全只关乎自我，这里所描述的感觉非常自恋，但也许这一事件也体现了他对死亡的蔑视和生命可能性的回归。

母亲去世后不久，德里克之前对拍摄莎士比亚（William Shakespeare）的戏剧《暴风雨》（*The Tempest*）的提案就得到了积极的回应。影片的制作安排由唐·博伊德（Don Boyd）的新公司主管，该公司已经出品了很多引发争论的电影，例如阿兰·克拉克（Alan Clarke）的《人渣》（*Scum*）和罗恩·佩克（Ron Peck）的《夜鹰》（*Nighthawks*），与威利和玛琳能够提供的影片不同，这里有更多的钱和更专业的态度，尤其是萨拉·拉德克里夫

1　贾曼：《跳舞礁》，第 185 页。

(Sarah Radclyffe)，她后来成为英国电影业最重要的制片人之一。德里克非常了解这出戏。他曾在伦敦国王学院的大学英文课上学习过，从那以后就形成了想在圆屋剧场(Roundhouse)（1970年代激进剧院的舞台）上演这出剧的想法。他还对这部戏剧进行了解构，那时至少已经形成了一个版本，在其中，疯狂的普洛斯彼罗（Prospero）被关在一个收容所里，自己一人扮演所有的角色。因此，当德里克的电影版于1980年发行，这已是他的第三种诠释，这次诠释很大程度上拆分了莎士比亚的原作。

莎士比亚的戏剧原作是魔法师普洛斯彼罗和女儿米兰达（Miranda）被抛弃到一座荒岛上，他们生活在一个山洞中。岛上唯一的居民是“丑陋且畸形的”卡利班(Caliban)，普洛斯彼罗奴役了卡利班，让他执行一些琐碎的任务，比如寻找柴火等。然而，普洛斯彼罗还奴役了一个暴躁的精灵——爱丽儿（Ariel)，要求他去实施魔法。爱丽儿制造了一场暴风雨，使载有篡夺了普洛斯彼罗爵位的亲弟弟、那不勒斯国王和他的儿子的船只失事。国王的儿子斐迪南（Ferdinand）被冲上岸，他后来通过了普洛斯彼罗对他的严峻考验，娶了米兰达为妻。剩下的皇家成员纷纷上岸，成为爱丽儿的仆人。有两名水手冲上岸，卡利班唆使他们杀死普洛斯彼罗并占领该岛。爱丽儿轻易识破了这种威胁。为了庆祝斐迪南和米兰达的订婚，举办了一场化妆舞会，此后普洛斯彼罗宽恕了皇室成员，释放了卡利班，还爱丽儿自由，他放弃了魔法，并起航回到他的始发地米兰，直到退位。

德里克大刀阔斧地删减了剧本，压缩了大量的对话，并把剩下的内容分配到电影中的不同时间段。他打算把这出戏剧剩下的“残骸”拍成电影，而且电影最好是高度视觉化的，不要有对话。他这样做的目的是把剧本改编成电影［这与按照剧本拍摄电影是不一样的，稍后讲《爱德华二世》（*Edward II*）的时候我会再详述这个问题］，结果删减得太多了。影片四分之三的内容都处在平缓不前的状态，在这里观众需要更多信息才能理解关于米兰达、斐迪南和普洛斯彼罗形成的三角关系，才能同时更好地了解普洛斯彼罗的意图。对王室的宽恕也被略过了。因此，这部电影只有那些看过莎士比亚原作的人才能真正理解，所以德里克的戏剧改编，在情节或故事层面上其实是失败的。

这部电影拍摄于1978到1979年的寒冬，地点是诺森伯兰郡海岸的班堡和沃里克郡的斯通利修道院。在那里，德里克曾经的老师佩夫斯纳和亚历山德拉·韦奇伍德（Alexandra Wedgwood）将晚期巴洛克风格的乔治亚侧厅描述为“雄伟多于喜庆”，1960年的一场大火更是减弱了这种喜庆感，正好吻合普洛斯彼罗的洞穴中想要的拍摄场景。[1]德里克继续寻找靠谱的合作伙伴，他重新雇用了《庆典》

1 尼古拉斯·佩夫斯纳，亚历山德拉·韦奇伍德：《英格兰建筑：沃里克郡》（*The Buildings of England: Warwickshire*），哈默兹沃斯，1966，第409页。

的一些演员：杰克·伯凯特出色地扮演了卡利班，卡尔·约翰逊扮演爱丽儿，托亚·威尔考克斯（Toyah Willcox）饰演米兰达，海伦·韦灵顿-劳埃德（Helen Wallington-Lloyd）饰演爱丽儿的矮人仆从，克莱尔·达文波特饰演女巫斯科拉克斯（Sycorax）。成熟而自信的彼得·米德尔顿（Peter Middleton）担任总摄影师。海滩上的外景镜头是在大白天通过蓝色滤镜拍摄的，以此产生暮色效果，其结果是**单色**（grisaille）的场景显得陌异，突出了场景的构成并对空间关系作了透视。同样引人注目的是，这部电影首先采用了1930年代的业余电影（Amateur film）[1]模式，展示了一艘帆船在狂风中航行。这种将用较低品质的胶片拍摄的片段嵌入整部电影之中的模式，此前德里克在将短片《乔丹之舞》加入《庆典》时也用过。《暴风雨》（*The Tempest*）使用了三种品质的胶片：斯通利修道院的室内镜头用普通的16毫米胶片，外景用套有蓝色滤镜的16毫米胶片，再用8毫米胶片来拍船的连续镜头。每种胶片的运用取决于其各自的特质，而不是看他们是否可以无缝衔接。

德里克用两组连续镜头重新呈现了莎士比亚戏剧中精心制作的婚礼面具。首先，有一种常被错误地称为Camp [Camp是特林鸠罗（Trinculo）在舞会上穿的服装，这套服装堪称安德鲁·罗根的“另类世界小姐”（Alternative Miss

---

1 业余电影：指一些成本低廉、品质粗糙、实验性或非商业的小众影片，与之相对的是“主流电影”。（译者注）

World）大会的服装］水手舞蹈面具。随后，资深歌手伊丽莎白·韦尔奇（Elisabeth Welch）演唱了科尔·波特（Cole Porter）的歌曲《暴风雨的天气》（Stormy Weather）。迈克尔·奥普雷郑重地说，这是一部“壮观的电影”，是“英国电影的伟大场景之一”[1]。德里克一直声称，他拍的电影是绘画的延伸，当韦尔奇在歌曲结束时转身离开，她的黄色和金色纹理相间的服装在一种色彩纯净和形式抽象的华丽效果中逐渐消失之后，我们便能对其中的意味略知一二。影片从这里继续揭示了德里克感性的另一面。切换到一个场景，普洛斯彼罗正在睡觉，爱丽儿在房间里爬来爬去，但现在这里却满是枯叶：这是一个来自原始的假面舞会厅诡异的转变。爱丽儿跑上楼去飞向自由，伴随着翅膀扇动的声音消失在半空中。普洛斯彼罗的画外音说，所有的精灵都消失在空气中，他发表了著名的“云端”演讲。他闭上眼睛，脸上一动不动，屏幕上伴随着以下文字：“我们也是这场梦本身/我们的浮生/也便沉睡在了梦里”。这是电影的结尾。这最后一部分回应了一些早先的伏笔，产生了强烈的挽歌般的效果，也许对于一部以婚礼为描绘对象的戏剧来说有些出乎意料，因为德里克的电影中“死亡”才是最强大的主题。[2] 在普洛斯彼罗最后一句话之后，有一串黑白字幕：

---

1 迈克尔·奥普雷：《德里克·贾曼：英格兰之梦》，第117页。
2 罗杰·沃伦：《德里克·贾曼：一幅肖像》，第78—80页，死亡主题。

谨以此电影献给

伊丽莎白·伊芙琳·贾曼

片尾就这样无声地淡去。因此，我们有理由看出这部电影是德里克献给母亲的。后来他写到，由于父亲隐瞒了母亲骨灰的下落，她的“唯一纪念物”就是《暴风雨》。[1]伊丽莎白·韦尔奇演唱的主题曲是关于“失去”的，但这也是一首充满爱的歌，歌中弥漫着“爱是救赎”的氛围。德里克的母亲也爱莎士比亚：在德里克的孩童时代，母亲为了逗孩子们高兴，站上厨房桌子模仿她从学校学到的《亨利五世》（*Henry V*）里的军队演讲，这段记忆至今鲜活。

德里克电影的一大乐趣在于他的打光方式。这部电影揭示了一个明暗交替的世界——通常是在黑暗空间中亮起烛光。这种方式其实就是卡拉瓦乔在巴洛克时代的艺术创造。自然主义的力量和强烈的明暗对比成就了《暴风雨》的视觉设计。用一边的侧光照亮昏暗环境中的人物，或者通过摇杆打光形成一种回环的阴影。就像卡拉瓦乔的绘画一样，不仅只有戏剧性的自然主义光线，更有深沉的人文情怀和悲怆的情绪从人物身上涌现出来。

---

1 贾曼：《以卵击石》，第 122 页。

因此，在德里克的《暴风雨》中，卡利班愚蠢的愿望和他的痛苦在他那昏暗含混的环境中更为强烈地显现出来，就像爱丽儿的疲惫不堪和普洛斯彼罗不顾一切想要达到目的时的形象，或者米兰达在抚摸蝴蝶时为她父亲对斐迪南的残忍行为哭泣一样。这种巴洛克空间的使用，让人物的情感更加活灵活现，构成了影片的核心，也是这部影片吸引我们的原因。《暴风雨》是德里克第一次向文艺复兴后期的伟大画家致敬。以德里克的审美情趣和对神秘知识的兴趣，可能会因《暴风雨》是在卡拉瓦乔逝世后的第二年写成的这个事实所打动，并且德里克的电影是在莎士比亚的家乡的一座巴洛克式建筑中成型的。

艺术家们需要重塑造自己，向世界释放自己的创造力，这个主题在《庆典》中就已徐徐展开，它也顺其自然地出现在《暴风雨》中，在这里以两种方式出现：首先是在故事中出现。虽然普洛斯彼罗在传统意义上是一位艺术家，但在电影里爱丽儿也被明确定义为一名艺术家。米兰达的结婚面具就是他的作品，虽然看上去是对普洛斯彼罗交给他的命令的回应。当他在面具开始进入大厅时，普洛斯彼罗赞赏地说："我的小滑头精灵！"甚至可以说，片中的歌曲《暴风雨的天气》，以'我总是疲惫不堪'这句歌词为首，由爱丽儿用魔法变出来的精灵演唱，相当于爱丽儿自己的歌；他在演唱时用一种独有的方式触摸自己的嘴。很快米兰达和斐迪南接吻，暗示爱丽儿的力量会延伸到他们身上。因此，爱丽儿重获自由可以被寓言为创造力从艺术家的个体中重回世界。另一个影响《暴风雨》形成的方式是在幕后。在这部电影制作过程中的所有创作和拍摄工作中，德里克觉得他已经通过信任与他一起工作的人并鼓励他们做想做的事来达到了自己的目的。他创造性的**工作方式**是尽可能释放他们的创造力，而他的电影就是这样拍出来的。《暴风雨》的幕后是一个充满欢乐的工作场所。在大家努力工作的同时，斯通利修道院也有一种狂欢派对的气氛，演员和工作人员在那里工作，住宿了四个星期。德里克说，他们共同工作的基础建立在相互尊重之上：

> 我完全领会了。这里发生的事情与普通的片场截然相反。我清楚地知道自己要做什么。这里有一种让每个人都可以做他们想做的事情的氛围，这就是我想看到的。这里就像开派对：你只需要去顺势而为并选择合适的人参加派对，然后坚持下去，就不会出错。[1]

影片的后期制作在 1979 年进行，1980 年上映前先在伦敦电影节上放映。对德里克来说，在《暴风雨》之后，一切都变了。

1 贾曼：托比·露丝专访，《过山车》（*Coaster*）（1984），转引自托尼·皮克，《德里克·贾曼》，第 549 页，注释 46。

# 5 绘画、写作和波普艺术

1979 年的几起事件对德里克此后几年的生活产生了深远的影响。夏天，他搬出巴特勒码头，住到查令十字路一个不起眼的现代主义街区的一室公寓。几周后，巴特勒的码头在一场神秘的泰晤士河边的大火中被烧毁。位于凤凰楼（Phoenix House）（当然是个吉利的名字）的新公寓很小，不适合画画。因此很难避免出现这样的想法：从这间工作室搬去街区是一个标志——无论对与德里克还是其他人而言——他现在是一个电影制作人而不是一个画家，因此不再需要画家的工作室。[1] 此外，早期用超 8 拍的许多短片，甚至是《庆典》的大部分内容都是在他的工作室拍摄的，这也表明他是一个剧情片制作人。在后来发表的一次采访中，他说，从 8 岁起，我就立志成为一名画家。直到我拍了 5 年的电影，事实上直到拍摄《暴风雨》，我才发现我现在是一个电影制作人。[2] 具有讽刺意味的是，他正遇到拍摄剧情片的瓶颈，

---

1 当时他的通行证上写的身份是“电影导演”。

2 贾曼：《方格》（*Square Peg*）采访，1986，英国电影学院，贾曼Ⅱ，盒 26，条目 7。

也许直到他全面回归超 8 拍摄接下来的剧情片《卡拉瓦乔》时才解除。更具讽刺意味的是，他 80 年代初的主要艺术成果是一个绘画展。

1979 年，撒切尔夫人（Margaret Thatcher）领导的保守党政府也举行了选举。这届政府无论是好是坏都彻底改变了英国。至少在最初，对国家造成了不可估量的伤害，随后保守党和“新工党”（New Labour）犬儒主义的懦弱统治未能纠正撒切尔夫人的那些最严重的错误，特别是在税收和工会立法控制的劳资平衡方面。更普遍地说，她的意识形态从根本上改变了英国文明的观念：她否认社会存在，诋毁公共服务的概念，要求在这一时期，一切都应该讲究“成本效益”，削弱内阁政府，大幅加强中央控制，同时虚伪地贬低“政府干涉过多”的声音。不久，德里克就发现自己站在了反对撒切尔政府专权的斗争最前线。他的余生都将生活在保守主义统治之下。

1979 年，德里克还制作了他的第一部音乐影片（现在被称为 MV，尽管它们其实在当时是电影，而不是视频）。这都是为了玛丽安·费丝福（Marianne Faithfull），她在那一年发行了专辑《破碎英语》（*Broken English*）。德里克为她的主题歌拍了音乐影片，配合着看比单独听这首歌更能展现愤怒。他在法西斯领导人、游行队伍、战争镜头、警察袭击示威者、难民镜头、闪电战和一名僧侣为抗议越南战争而自焚的影片（这个镜头与歌曲的副歌“你为何而战”

是同步的）之间跳切。画面都是黑白的，在一开始就呈现了氢弹试验带来的核毁灭威胁将支配一切的恐惧，在歌曲的两分半钟里这种支配力量几乎是压倒性的，舞蹈比赛和太空侵略者游戏的画面暗示着公民生活的军事化。这首歌的寓意是 20 世纪军国主义摧毁了英国，德里克强有力的蒙太奇手法大大增强了这首歌的含意。《露西·乔丹之歌》（The Ballad of Lucy Jordan）的音乐影片比较温和，但也并非乐观主义。影片用超 8 拍摄，以费丝福夜里在皮卡迪利马戏团行走为背景，随着歌词流动，叠加上女人平庸而暴躁的家务琐事的场景。第三部音乐影片《女巫之歌》（Witch's Song）以一个码头荒地为背景，一个男人和一个女模特在那里做爱，这首歌对抗了对性出轨行为的强烈谴责。此外，这首歌是诗人希斯科特·威廉姆斯（Heathcote Williams）为费丝福写的，他正是德里克《暴风雨》中的普洛斯彼罗的扮演者。

从那时起，拍摄音乐影片就成为了德里克释放创造力的出口和增加收入的渠道。他在 15 年的时间里赚了 22 万英镑。为史密斯乐队（The Smiths）和宠物店男孩（The Pet Shop Boys）创作的 MV 被公认为其中最好的作品，尤其是宠物店男孩的《犯戒》（It's a Sin）（1987 年）和史密斯乐队的《女王死了》（The Queen is Dead）。的确，《女王死了》［与理查德·赫斯洛普（Richard Heslop）合作］是由精巧的超 8 转出成视频，蕴含着 1980 年代 MV 的大爆发所带来的新的音乐和新的剪辑技术的能量。而且德里克大为称赞其以下特质：幻象般的高速剪辑，叠印，黑白与彩色叠加，负片和曝光效果。[1]《女王死了》告诉我们："教会只想要你的钱……当你孤独的时候，人生会很漫长。"音乐和影片一起呈现出了对英国的重新定义。德里克为史密斯乐队的《恐慌》（Panic）拍的影片具有相同的环境氛围，地点位于伦敦市中心泰晤士河的一座桥上。史密斯乐队的作品需要协作完成，理查德·赫斯洛普、约翰·梅伯里（John Maybury）、塞里斯·温·埃文斯（Cerith Wyn Evans）和克里斯托弗·休斯（Christopher Hughes）都作为联合制片人。德里克始终认为艺术家需要通过重现发现自我来释放创造力。宠物店男孩的《犯戒》是一部令人难忘的美学短片，其实是有音乐人在看了德里克的《卡拉瓦乔》后选择由他来拍摄。影片里有很多火焰，这是德里克早期在用超8拍摄的时候就常用的感光元素。这首歌的歌词与这部电影配合，暗示了传统（基督教）社会的罪恶和对欲望的谴责。这首歌让同性恋和异性恋观众都能充分发挥想象力参与其中（例如，在某些社会中，异性通奸仍然是犯罪和罪孽）。这些出色的作品使得德里克继续为宠物店男孩设计舞台表演，并拍摄成片（1989），尽管当时他苦于身体状况不佳，但他发现这场磨难还远未结束。

---

1 关于贾曼的热情，参见《以卵击石》，第326页。

这些小电影（在玛丽安·费丝福之后）立足于未来，是对撒切尔时代文化政治的反击。1980 年，《暴风雨》上映，同年 9 月，受到《纽约时报》（*New York Times*）上一篇充满敌意和歇斯底里的评论影响，令人失望的首映让德里克重返纽约。据一位德里克的老友和长期合作者——肯·巴特勒（Ken Butler）——说德里克总是不耐烦，急于着手下一个项目，他现在对《卡拉瓦乔》未能进入制作阶段感到非常沮丧。[1] 同时，他继续剧本的创作和改写工作［例如，与李·德莱斯代尔（Lee Drysdale）合作的《中子》（*Neutron*）》］，他也对熟人的一些项目的是否可行感兴趣，但它们注定是不可能完成的。比如戏剧大师史蒂文·伯克夫（Steven Berkoff）承诺要与他合作；德里克也飞往瑞士，与大卫·鲍伊（David Bowie）商谈合作事宜。

当然，开发剧本是电影制片厂里启动电影企划的传统方式。电影是在剧本的基础上进行交易的，剧本通常在电影制作之前就要修改和重写。这就引出了这样一个问题：什么是（剧本）“易手”？如果剧本经常被改动，所有权在哪里？毫无疑问，由于 1980 年代的挫折，德里克之后对这种方法产生了极大的怀疑。一个全然的视觉媒介却是基于文字来买卖的。此外，这些文字还会被扔掉，替换，改变，颠倒，添加，几经易手。在这个过程中，电影作为一种移

1 肯·巴特勒：作者专访，2010 年 3 月 30 日。

动的视觉/听觉艺术的概念体现在何处？可以说，在《卡拉瓦乔》最终进入制片厂之前，德里克对电影的态度发生了彻底的转变。

德里克在 1984 年说过，剧本是审查制度的第一阶段。而且，叙事由剧本驱动，因为这种方式相较其他元素更易控制，“这其实是商业电影的第一个陷阱”[1]。虽然这些话是后来说的，但在德里克心中，它的种子早已在 20 世纪 80 年代早期为推动《卡拉瓦乔》而进行的斗争中播下了，也可能在其失败作《中子》中就已经播下。德里克关于审查制度的想法在与颤动软骨乐队（Throbbing Gristles）的成员吉妮西斯·P. 奥里吉（Genesis P. Orridge）的交往中得以成形。他们两人于 1980 年由詹姆斯·麦凯（James Mackay）介绍认识，其后两人在工作上互相帮助。德里克拍摄了吉妮西斯·P. 奥里吉的《天堂里的心灵集会》（Psychic Rally in Heaven），作为回报，奥里吉为德里克的《日影之下》配乐（即兴创作）。

《日影之下》是迄今为止德里克超 8 作品中的集大成者，它结合了《镜子的艺术》和其他早期作品。电影的基础技术是叠印。为了做到这一点，德里克同时将他的前两部电影放到同一张底片上，并用他的尼佐（Nizo）8 毫米相机拍摄。最终呈现的效果是图像会运动并颤抖，其中的人

1 贾曼在 1984 年和 1991 年，引自托尼·皮克：《德里克·贾曼》，第 326 页。

物和物件会出现脉动和闪烁，焦点柔和而隐约。在二次拍摄期间，他还使用了多种彩色滤光片来制造整体色彩效果，部分是为了将连续镜头结合成为更大的整体。这部电影有许多火灾特写。忽隐忽现背景的和沿途景观一起消融［就像在他早年的电影《通往埃夫伯里》（*Journey to Avebury*）（1972）里那样］。男人的脸部特写很大，让人联想起被绑起来男人躺在火迷宫中的仪式。在一个连续镜头中，《鱼嘴里的手指》中使用的金字塔明信片被极度放大，形成了背景。这部电影包含许多含义，但它们超出了叙事层面。根据两部电影中明与暗在各个时刻的相对值，奇怪的事情发生了：仪式似乎有时发生在一个废弃的城市遗址，有时发生在乡村，两者之间会“瞬移”。背景可能会突然变成前景，而原来的前景会逐渐淡入背景。所得的影片既昏暗又美丽，并伴有共振和回声。它还包括德里克在纽约一家电影院的银幕上拍摄的《卢丹的恶魔》中的一个镜头，叠加在一场大火的灰烬上。突然出现了一个巫师，或者也许是上帝（克里斯托弗·霍布斯饰）。连续镜头分解为抽象的光粒或光斑，逐渐溶解到水面的反光上，但有一段时间，这些抽象的光看起来像是星云或太阳系［我们在早先的电影中看到过，橙色背景像是阿特拉斯（Atlas）支撑地球的剪影］。[1] 这部电影变成了元素和宇宙，引发了关于人类生命

---

1 实际上是约克郡霍华德城堡花园里的喷泉的影片。

和宇宙生命的疑问。

最后一个阶段，《日影之下》靠在柏林得到的资助，被转换为16毫米电影在电影院放映。这部电影1981年在柏林电影节上映。它引发了强烈的反响，至少对它自己的制作人来说如此：电影的“印象派色彩之光”，在电影院的“大量观众”面前爆发，给他们留下剧烈和深刻的印象。[1] 他创造了一种极具动感的电影形式。这段经历以及观众的赞赏，证实了德里克已经知道电影的可能性。比起四处推销剧本，还有另一种更直接的工作方式，即依靠画家的敏感性来处理影像的材料特性和制作过程。20世纪70年代，德里克的超8作品倾向于将自己的想法在剧情片中实现。以上三种都是从超8中萌发的：《日影之下》清晰显现了一种不同的可能性：观众会喜欢看到超8拍摄的电影，源于它固有的美学特性，以及图片从原有尺寸向16毫米转化时所经历的变化。与其奋力去追求胶片晶莹剔透的质感，不如关注胶片呈现的模糊的轮廓和隐约的质感，其引人联想，充满暗示的可能性反而更受推崇。

德里克在很多地方责怪新的电视频道——即第四频道——没有足够的资金支持《卡拉瓦乔》。[2] 也有各种迹象表明此前《暴风雨》在美国的失败是一个重要的影响因

1 贾曼：《跳舞礁》，第215页。
2 例如，贾曼：《以卵击石》，第89—90页。

素。[1] 尽管德里克在美国的票房一直不佳，但更重要的障碍却出现在英国国内，当时财政部挤压了唐·博伊德（Don Boyd）的财务部门为《暴风雨》以及博伊德的公司制作的其他电影提供资金的机制。[2] 这种制度当然是完全合法的，投资方可以延迟缴税直到影片盈利。如果出现亏损，则可以减免税款（大于最初的投资）。财政部却认为这是个漏洞，并通过立法加以制止，从而破坏了依靠电影制片厂系统之外的另一个很好的融资方式，这种方式本可以避免个人投资者对电影内容的强烈影响。因为他们不需要被商业利益和对“成功”的欲望所驱使，也不需要用金钱回报来衡量。（当然，这是相对另一种冰冷的电影工业衡量标准，就是用金钱来衡量艺术上的成功。一部赚钱的电影就是一部“好”电影。）

1981 年可以说是德里克最空白的一年。3 月在柏林的崭露头角，4 月《日影之下》在当代艺术学院放映，5 月，德里克在戛纳为《卡拉瓦乔》项目筹集资金。他花了很多时间在讨论，写作和改编剧本上。年底时，他应邀和他的朋友一起参加了在伦敦沃平区 B2 画廊举办的艺术联展，这让他重新回到了绘画领域。在更深层次上，他比以往任何时候都更不符合英国社会的价值观，主要是因为撒切尔夫

1　例如，亚历山大·沃克（Alexander Walker），引自迈克尔·奥普雷：《德里克·贾曼：英格兰之梦》，第 119 页。
2　托尼·皮克的解释，《德里克·贾曼》，第 264—265 页。

人重构了价值观，将利益看作唯一目的。最终，他发现若要重新与周围社会建立更广泛的接触，并因此找到回到社会的归属感，必定要通过政治文化层面上的反对和抗议。

对于被周围社会定义为同性恋者（一个现代词汇）的人来说，想要遵从自己的本性，毫无疑问就得藐视社会的偏见和法律。[1] 通过构建一条从西蒙·所罗门（Simeon Solomon）、奥斯卡·王尔德（Oscar Wilde）到艾伦·金斯堡的谱系就可以证明这一点。有人会想到凯斯·沃恩（Keith Vaughan）[2] 孤独而绝望的自杀，也许这是一个因为没能有力反抗和抗争的而酿成悲剧的例子。[3] 1967 年试图控制性活动的法律自由化意味着德里克不再被列为罪犯（尽管法律上的不平等和大量的社会斗争仍有残存）。在 20 世纪 70 年代自由主义时期的几年里，电影的文化空间轻而易举地被这股思潮占据。英国在 1979 年的保守主义转向意味着德里克不仅在性活动及其接受问题上，而且在一个非常广泛的领域——也许包括电影、艺术、作者及其最终生

---

1 因此使得男同性恋者在更广泛的斗争中发挥先锋作用。与社会约定俗成和法律格格不入的想法，在文学上，拜伦（Byron）就是这样的例子，参见 J. J. 麦甘（J. J. McGann）：《牛津作家导论：拜伦》（*"Introduction" to The Oxford Authors: Byron*），牛津和纽约，1986。内瓦尔（Nerval）、雨果（Hugo）、波德莱尔（Baudelaire）、沃尔特·佩特（Walter Pater）、奥斯卡·王尔德、雅洛斯拉夫·哈谢克（Jaroslav Hasek）和福特·马多克斯·福特（Ford Madox Ford）也是其中成员。福特的情况见亚瑟·麦兹纳（Arthur Mizener）为福特的《有些不》（*Some Do Not...*）和《不要再行进》（*No More Parades*），纽约，1964 写的跋。这是对整个重要观点的简要概括。

2 凯斯·沃恩（1912—1977）：英国画家，以画男人体为主，为同性恋者，1975 年被诊断出癌症，1977 年在伦敦自杀。（译者注）

3 德里克在 1989 年 9 月读到凯斯·沃恩的日记，参见《现代自然》，第 153 页。

活在内的多个领域——都站在社会的反面，他的名字被报纸和电视媒体“扣帽子”。80 年代初，撒切尔夫人在不否认社会存在的情况下，重新定义了社会准则，以至于只有私人或上市公司的股东才能从中获益。随着政府引发的经济衰退（利率高达 17%）造成的经济紧缩，出现了一种针对公共部门，工会（尤为严重），公共服务理念、教育以及电视、电影和艺术领域的撒切尔主义的不容忍和不妥协的文化政治，几乎所有涉及公共资金的活动无一幸免。德里克在这几年里继续前行在绘画和剧情片制作的道路上，这也是他为掌控现代生活而奋斗的一个例子。1982 年，英国重新夺回了被阿根廷占领的马尔维纳斯群岛，这场战役使撒切尔夫人从这个国家有史以来最不受欢迎的首相变成了最受欢迎的首相。

反对和抗议可能才是前进的道路，但当时德里克很难看到他的前进方向。他后来写道：“现在，每条道路都关着门，一切似乎都对我不利，包括政治气候——甚至天气。”他借鉴了炼金术的一个概念，以表明自己已准备好接受改造：“这是奋斗多年的结晶（distillation）[1]，我处于蒸馏器中，但我搞砸了。”[2] 德里克被《卡拉瓦乔》耽搁了，他说这种阻滞的沮丧激起了他对性爱的渴望，此时的他倾向于更随便，甚至是匿名的性交，与爱情无关。他过着非常活

1 本意为蒸馏、蒸馏物。（译者注）
2 皆引自贾曼：《以卵击石》，第 68 页。

跃的性生活。工作上的挫败助长了他的滥交。[1]

德里克继续绘画，继续享受与B2艺术展览相关的活动，并为1982年11月在爱德华·托塔画廊（Edward Totah）的个展作准备。3月到5月，回到他在佛罗伦萨忙碌而卓有成效的工作之中，为肯·罗素任制片人、改编自斯特拉文斯基作品的戏剧《浪子历程》担任布景设计。设计师兼制片人都同意贺加斯笔下的18世纪伦敦应巧妙地转换成20世纪的伦敦，最终，德里克设计的一组成品在时代问题上极具自由度：这些作品包括《暴风雨》、（完成之后的）《卡拉瓦乔》和《维特根斯坦》（*Wittgenstein*）。这一策略虽不能创造主题的当代意义，但至少可以澄清这样的认识，即思想和主题在作品中的重要性并不仅限于创作时期。这样的设计可以为观众带来更多思想刺激。[2]

5月他再次来到罗马时，遭到了流氓的袭击和殴打，在从苏索·塞奇·达米科（Suso Cecchi d'Amico）那里获得剧本帮助的同时，又观摩了卡拉瓦乔的画作。回到伦敦后，他上意大利语课，继续画画。9月，威廉·巴勒斯参加了由吉妮西斯·P.奥里吉的心灵电视乐队（Psychic TV）举办的“终极学院”（The Final Academy）活动，德里克用超

---

1 “我每晚上都出去，白天几乎没什么事可做……”，参见贾曼：《以卵击石》，第68页。

2 尽管在劳里·艾德（Laurie Ede）的《英国电影设计：一段历史》（*British Film Design: A History*），伦敦，2010，第161—5页中关于贾曼的部分很有意思，艾德透露，她不理解为什么贾曼要在他的作品中表达不合时宜的说法。

8 拍摄了这个了不起的人。

德里克 11 月在爱德华·托塔画廊展出的画作是以黑色颜料为基础的，托尼·皮克认为，虽这显然是受卡拉瓦乔的影响，也表示了德里克对夜生活的热爱[1]，还能隐约见到遥远的炼金术符号象征和赫拉克利特（Herakleitus）哲学对德里克绘画的影响。不过，也有其他的作品，当年和次年（继续作画时），德里克基于人物去创作。在这些作品中，他将金叶涂在画布上，再涂上黑色，然后擦去黑色的颜料，人物形象就显现出来（对观者来说，感觉像是一种启示，尽管它仅是一种形式）。在《无题（弓箭手）》（*Untitled (Archer)*）这幅画中，戴着面具跪在地上的弓箭手正被右上方一个巨大的脑袋俯视，这是根据德里克在《跳舞礁》中曾复制转载的 20 世纪 50 年代《体格画报》（*Physique Pictorial*）中的一张照片创作的。[2] 同一系列的大尺寸画作《恩典不可抗拒》（*Irresistible Grace*）展示了一个生病的、已死的或正在沉睡的男人被两个男人放在地上，其中一个处于紧张的性兴奋状态，他的生殖器占据了画作的中心。来自哲学家的一颗蛋状物飘浮在空中，其中包含可以创造黄金和智慧的精神重生的种子。在左下角相应地放置了腐烂的头骨（精神重生的必要前奏）。主要人物处于这两种状态之间。这么说是为了给这幅画赋予一个炼金术

1 托尼·皮克：《德里克·贾曼》，第 315 页。
2 贾曼：《跳舞礁》，第 245 页。

意义上解释。我们还注意到，黑色是炼金术士“伟大的工作”的起点，而黄金的创造则是其目的，这给德里克的画抹去黑色颜料后对人像的显现带来了另一种变化。与该系列的其他画作一样，蓝色、绿色和红色的条纹可以调节黑色和金色的效果。这个倾斜的形象看起来很像一幅自画像。德里克在《跳舞礁》中告诉我们，这一系列作品中有一幅是仿照了“埃尔·格列柯（El Greco）的《虔诚》（*Pietà*）”创作的。[1] 他所指的这幅画可能是费城艺术博物馆里的《哀歌》（*Lamentation*），圣约翰（St John）的脸靠近基督，仿佛在亲吻他。有一种神圣的气氛通过这幅画的标题盘旋在德里克的画中。“恩典”很可能是神圣的；鉴于画中突出描绘的阳具勃起和宁静的包容性的氛围，它也更明确地体现了对同性恋者的恩典。

在票房方面，正如德里克后来懊悔地写道，“是一次彻底的失败”[2]，1982 年的最后一项工作是在 12 月，当时《卡拉瓦乔》的制片人尼古拉斯·沃德-杰克逊建议德里克应该写下这个似乎会永远停滞的项目带来的挫败感，以免被它压垮，当月底，德里克开始写他的第一本回忆录：《跳舞礁》。这本书的撰写和编辑占据了他 1983 年的大部分时间，它于 1984 年 2 月底出版。《跳舞礁》是什么样的书？考虑到德里克的工作方式（他喜欢合作），有一点很重要，

---

1 贾曼：《跳舞礁》，第 229 页。
2 同上，第 228 页。

那就是他设法把看起来很孤独的行为（譬如写作）转变成合作的行为，他雇用一位年轻的知识青年肖恩·艾伦（Shaun Allen）来负责打字和编辑文本，并帮助他找到适合工作的形式和工作顺序，在某种程度上，德里克还借机纳入了对一位早期读者的回应，德里克称其为“保罗”（Paul）。[1] 德里克在第二版（1991 年）的序言中称这本书为“自传”。

在这本书中，他创造了一种写作结构，这也是他后面两卷回忆录《以卵击石》和《现代自然》的基础。在书的前半部分，他详细叙述了早年的生活，后半部分写了这些经历引导他在美学和社会思想上的发展。这种结构总是通过对当前现实中热点的密切关注而加以变形：例如，《跳舞礁》始于德里克对卡拉瓦乔艺术的诠释。这个书名有一定的联想依据：主要与地点有关（如前所述，跳舞礁、蒂莉奇想洞穴和温斯比，都是德里克喜欢的多塞特海岸的一部分，这三个地方都曾是深受追捧的珀贝克石料的采石场）。然而，直到书的结尾我们才被告知这个联想关系。同时，“跳舞”意味着欢愉，“礁石”寓意危险，也许暗示跌倒的可能性和空间的狭小。这就好像德里克被给予了（或为他自己开辟了）一个危险的狭窄空间，让他在其中施展令他快乐的创作。

---

1 贾曼：《跳舞礁》，第 232—234 页。

在这本以断断续续、时空交错的日记形式呈现的文字作品中，德里克的幽默感充分显露。书中的他不止关于电影，还有建筑和绘画的美学。这本书提供了他所处时代的社会历史掠影，成为他诗歌的载体。

> 天地合璧成金
> 他梳理（他的发丝）。
> 金光闪闪
> （在他手中）燃烧的玫瑰花
> 日子太长
> 年轮旋转
> 凉风习习从四处吹来
> 他走进（他的房间）
> 燕子飞起（在东方）
> 门是开着的[1]

到书的最后一部分，抗议活动已经全面展开。他抗议社会现实主义成为一种美学；抗议科技拜物教；抗议平克·弗洛伊德乐队与资本的反智共谋；抗议广告经理变身电影大亨大卫·普特南（David Puttnam）；抗议“英国电影年”；抗议艺术拜物教（“所有的艺术都已死亡，尤其是现

1 贾曼：《跳舞礁》，第 128 页。

代艺术”[1]）；抗议政治左派对同性恋性行为的消极态度；抗议警察对同性恋者的公开骚扰（“一帮穿制服的流氓……只配保护堕落的机构”[2]）。他的抗议快速，敏捷，令人振奋，而且提出了很多让人印象深刻的口号。

然而，这本书绝不是所有的反抗。《跳舞礁》第十节中，一开始可能只是对艺术作为一种从生活中抽离出来的商品拜物教的拒绝，但它却变成了一种更集中的沉思，思考如何让创造力回归社会。这几页显示了性在很大程度上与德里克对艺术和生活的观念结合在一起。他断言“性的碰撞会带来知识”。他认为：“性别颜色就是我的政治——我不信任所有的权威人士，包括艺术家。同性恋者如此努力地打破事物的秩序来定义自己。”[3] 在这几页中，有一个朋友的身影尤其突出，他就是安迪·马歇尔（Andy Marshal）。[4] 马歇尔很年轻，在与警察的对抗中，他显得积极又狂妄。1978 年，19 岁的德里克在一家同志迪斯科舞厅里认识了他，几周后德里克把他从警察局保释出来，显然他很佩服马歇尔，尤其是他对权威的不妥协态度。至少在《跳舞礁》中就透露出了这种佩服。然而，德里克写这些书的时候，一直在积极地树立这个年轻人的形象，所以这些

1 贾曼：《跳舞礁》，第 235 页。
2 同上，第 244 页。
3 同上，第 246 页，第 241 页。
4 同上，第 246—249 页，251 页。

书页可能会刻意地把马歇尔的形象描绘得很有魅力，以至于熟人可能一眼看上去都认不出来。警方想将马歇尔指控为犯罪者，德里克找来了克里斯托弗·霍布斯帮忙，费尽心思想帮马歇尔脱离警察的掌控。在某种程度上，这关乎另一个试图在世界上传播创造能力的实际案例：德里克购买了马歇尔用废木材制作的一些家具，并在 1984 年初的 ICA 展览中展示了马歇尔的一些家具和他的绘画作品。另一个层面上，这也意味着想要引导马歇尔“用大脑而不是拳头去战斗”[1]。“安迪有一个 GBH[2] 的方式”，德里克写道。[3] 20 世纪 80 年代后期，他与马歇尔的关系开始恶化的原因在于，德里克自己成了他人眼中的权威人物。

德里克本人的政治激进主义意识在 20 世纪 80 年代初加深了，当时非保守党的圈子里有很多关于应该采取“直接政治行动”支持他们的斗争目标的言论。因为在同时期，保守党政府就在对它们不喜欢的东西采取直接行动，工会运动和大伦敦地区议会很快就发现了这一点。德里克的激进主义思想此时已经完全成型，他的思想根植于他那个同性恋不合法的时代和随后同性恋自由化的记忆中。再加上对核裁军运动的同情，他的激进主义愈加尖锐——该运动在 1980 年代经历了一次次的复苏。他的激进主义也受到其

1 贾曼：《跳舞礁》，第 249 页。
2 GBH：grievous bodily harm 的缩写，指对在袭击中伤害但未杀害他人的人“严重身体伤害”的指控。（译者注）
3 贾曼：《跳舞礁》，第 247 页。

他方面的影响：1980 年和 1981 年，他对工人革命党情有独钟。这在《跳舞礁》中有叙述，该党的核心人物凡尼沙·雷德格雷夫（Vanessa Redgrave）促使德里克乘坐公共汽车参加示威活动，试图售卖该党的报纸，并让他陪同参加竞选活动和党会，直到发现自己的承诺无法兑现，便将他抛弃。德里克的参与虽是短暂的，但我们应该认真看待他对每一个严肃的激进团体的关注，了解他可以从中学到什么，特别是，这涉及将事件分析为各种力量的产物，这些力量是机构性和制度性的，涉及大规模的社会运动，并超越了个人和个性的层面。“我完全同意凡尼沙所做的事情，”他后来说，“这是一个艺术家在进行政治干预。”[1] 与他的知识分子朋友们如肖恩·艾伦和（后来的）保罗·贝特尔（Paul Bettell）的谈话，的确在这方面给了德里克鼓励和思考的养料。在撒切尔主义对财政、媒体、教育、福利、劳工、中产阶级以及她认为的那些太左或太自由化的东西的攻击下，德里克陷入低迷，他认为可能只有直接行动能带来复兴。德里克将遵循他自己对马歇尔的建议：“用大脑而不是用拳头去战斗。”他把他用在马歇尔身上的名词 GBH 应用到了自己的画作中。

托塔画廊展览的开幕式是一个传统的展览。1984 年 2 月（这个月矿工罢工前夕，撒切尔夫人最后一次反对全国

1 贾曼，《表演杂志》（*Performance Magazine*）的采访，1984 年 2/3 月。

矿工联合会的行动，事实证明，全国矿工联合会一直是工人阶级斗争的先锋队），德里克有理由认为，如果他在ICA的个展上不打算卖出任何作品，至少开幕式可能成为一个事件。[1] 迈克尔·克拉克（Michael Clarke）穿着蓬蓬裙跳舞，多克·马丁斯（Doc Martens）到场，还有一些新自然主义者裸体出席。安迪·马歇尔的家具也放在现场，德里克拍了一些活动的照片。当月，ICA展出了一系列他的电影和宣传片。[2]

为了这次展览，德里克准备了6幅巨型画幅的新作，这6幅作品是他最大型的绘画。他把它们命名为《GBH》系列。它们都松散地悬挂着，让观众可以轻松环顾四周。尺寸很大：10×8英尺（3×2.4米）。油画颜料涂在一块特殊的画布上，画布表面用几张报纸粘在一起，底下是帆布。支架大约2至3毫米厚，这种特殊表面赋予了绘画额外的物质存在感，因为它们的表面是凹凸不平，曲折起伏的，简而言之，完全是立体的。颜料在模制的底层支撑物上产生了一个干燥的亚光表面，整体效果具有很强的触感，但画作由于表面是报纸的缘故，仍然非常脆弱。6幅画中，德里克在每幅画表面的上部及中央周围画了一个大圆圈。

---

1　德里克的展览在2月底开幕；第一次矿工罢工运动发生在3月上旬。

2　回顾这四分之一个世纪以来，回顾贾曼的电影的出品公司是很有意思的。当月在ICA举办的其他活动包括亨利·雅格洛（Henry Jaglom）的《她会烤樱桃派吗？》（*Can She Bake a Cherry Pie?*）、怪物兵团（Monstrous Regiment）的《被梦掳获》（*Enslaved by Dreams*）和肯·麦克穆伦（Ken McMullen）的《幽灵之舞》（*Ghost Dance*）。

金色的底层上涂上一层薄薄的红色颜料，看起来像一个圆内形成了一个抛光的铜盘：圆形边界是蓝色的，在角落和下方是木炭灰、白色、浅灰色和烧焦般的黄褐色交织的宽而短的笔触。颜料被紧紧吸附在纹理斑驳表面。这幅画有褶皱，裂痕，还有些地方撕破了，它曾被折起过，现在折痕已经磨损了。这是一个古旧的，或者更确切地说，一个过早老化的表面，在中央的炭灰色的柱子周围有一些清亮的颜料滴，像烧过的残枝。

在第二幅画中，表面有些地方凸出，就像一棵老榉树的脆树皮。这幅画的底色是和第一幅画同样为如火般的红色，但没有了蓝色。更多的红色运用是否意在象征燃烧？中央直立的形状是如此的孱弱，以至于无法连贯。它是由巨大O形上半部分的红色暗纹笔迹滴下来形成的。再往下几英尺的地方，也就是中央以下的地方，用干笔刷在红色涂上了黑色的痕迹：下面的纸面泛起的涟漪，使火光产生了突然侧翻的效果。

第三幅画如大象皮肤表面那样干燥起皱（即“象皮皱”），这幅画是该系列中最暗的。黑色完全占据主导地位。但是，艺术家用木炭在黄铜色/金色表面上涂抹会产生皮革般的效果。一幅地图——实际上是英国地图——开始显现。这幅画中最明亮的部分就在苏格兰西南部，如果这确实是准确的地图的话。画的整个表面就像古旧的画在莎草纸上的地形图，传统风格的山峦、丘陵、沟壑一目了然。

一旦你开始用地图视角去看这幅画，很容易注意到海岸上那个相当明显的部分，例如沃什湾。圆圈的边界是在黑色的边缘涂上了抛光的黄铜色。

圆圈像是在复制眼睛的形状，让人想起 J. M. W. 透纳（J. M. W. Turner）在后期某些绘画中使用了这种形式，例如《暴雨之夜》（*The Evening of the Deluge*）。但是，我们在外化的视觉工具中可能会找到更好的解释。圆圈促使我们专注于其中包含的绘画的特定部分。它们最初暗示轰炸的目标或瞄准点。但是，在一张地图的背景下，圆圈也变得像《赫里福德地图》（*Mappa Mundi*）（约 1300）中的圆圈，该圆圈界定了世界的时空和永恒境界。**“地图”**这个词暗示着和谐：世界道德和精神秩序的图表，与德里克对 20 世纪晚期统治和混乱的描绘形成对比。

在这 6 幅画中的第四幅中，圆圈被画成白色，英格兰北部有很多红色、浅灰色和蓝色的颜料。苏格兰海岸周围有红色，实际上是朝向黑色的苏格兰的边缘。英格兰上空的灰色、红色和蓝色颜料仿佛飘扬的烟雾，凭着这种感觉，我意识到这会让人联想起空袭轰炸的航拍照片。同时，若向上看，苏格兰就像高空视野中看到的因爆炸产生的火柱和浓烟。这种被当作轰炸目标的想法根深蒂固。如果这一解释成立，则表明德里克将 1980 年代初期对英国的抨击与父亲的暴力行为联系在一起。但是对国家的暴力是更加根本的。这里 GBH 是着重在“GB”之上。撒切尔政府在全国范围内发动了巨大的破坏性变革，已经引起了国内骚乱，并涉及国家分裂（1984 年 7 月，撒切尔曾将罢工的工会支持者称为“内部敌人”）。对于德里克来说，地图代表了思路的转变：在接受埃曼纽尔·库珀（Emmanuel Cooper）的采访时，他说道，想摆脱撒切尔夫人专权这种严峻形势的想法使他“走向了更加世界性的视野，因此才转向地图等”[1]。

整个系列以华丽奇异的表面和灼热明亮的色彩为标志，它们的光和色在绘画的表面渗透，流淌。这些表面也让观赏者将自己包裹在其中，就像被皮肤包裹一样。这些画能否与德里克的其他作品联系起来？就像在《绘画 A》中一样，在画框内再画一个框，他使用的是戏剧性的、鲜明的、热烈的笔触。在颜料的涂抹方式上，笔法与他自那以后的创作完全背道而驰，包括狭长的风景，深到看不清笔触的上色。但是，《GBH》系列是另一种风景画。在第五幅画中，英国是红色的。圆形的线是半金半红的。意味着这个国家可能正在燃烧或只是微微发光。近距离看，有一种蒙着薄雾的模糊效果，红色的光晕有些像海岸线，除了莫纳岛的边缘有一些弯弯曲曲的金色笔触。整体效果很令人惊艳：表面色彩绚丽，甚至过于浓烈。

在第六幅画中大不列颠宛若烟尘，扭曲成柱状。北海是

1 英国电影学院藏，贾曼Ⅱ，盒 57，条目 5，未注明日期和出版方，一份同性恋杂志，未注名。

一块红色颜料，从画布中汩汩冒出，就像岩壁上的洞穴壁画。

这些画整体成一个系列，我最先介绍的两幅和最后这两幅也可以是一个小系列，此处的大不列颠都困于火中。整个国家散发着火光，似在炸裂，似在燃烧，最后变成不断壮大的红色立柱，周围全是废料和余烬，最后只剩烧焦的树墩。任何能够回忆起 1979 年以前的英国的人以及任何经历了 1979 至 1997 年保守党政府对英国造成的巨大伤害的人，都会认同这种隐喻是完全贴切的。一幅画中不经意间的撕裂，让人偶然读到了来自另一个时代的信息。这些新闻报道中零星出现的字眼写着："仍在工作……强制……与政府的任何贸易往来……民主。"这是当时那些事件的碎片。

德里克没有理由不发明出他在这个系列中使用的形式——矩形中的圆形。这并不复杂或晦涩。然而这种形式被用于深奥和神秘的语境中，很显然这是德里克有意为之。罗伯特·弗鲁德（Robert Fludd）的两幅作品《水的分离》（*The Division of the Waters*）和《元素混乱》（*The Chaos of the Elements*）展示了火焰和烟雾，以及黑色正方形中的一个圆圈。德里克了解弗鲁德的作品，并写过以弗鲁德的"技术绘画"为基础的文章。[1] 另一个先例是德里克最欣赏

1 贾曼：《跳舞礁》，第 229 页，"罗伯特·弗鲁德的技术绘画"，第 188 页，我所指名的两幅弗鲁德的图像来自他的《两个宇宙的历史》（*Utriusque Cosmi Maioris*），奥本海姆，1617，在 20 世纪 80 年代初的约瑟琳·戈德温（Joscelyn Godwin），《罗伯特·弗鲁德：神秘哲学家和两个世界的侦察员》（*Robert Fludd: Hermetic Philosopher and Surveyor of Two Worlds*），伦敦，1979 中更容易获得。

的诗人和艺术家之一威廉·布莱克的作品。在预言体长诗《弥尔顿》(*Milton*)(1804—1811)中，布莱克刊登了他自己的一幅画，画中的两个人背对一个布满火焰和烟雾的金黄圆圈。下面伴随的几行文字描述了洛斯(Los)[1]——这位预言诗之魂——鼓舞着叙述者：

> 洛斯站在我身后：是可怕的烈日，就在
> 我背后：我惊恐地转过身来，看见：
> 洛斯站在那熊熊烈火中；他也弯腰
> 把我的凉鞋绑在乌丹阿丹；我战战兢兢
> 惊恐万分，站在朗贝斯的
> 山谷里；但他吻了我，祝我安康。
> 我和他归于一体，他在我的力量中复活：
> 现在已经来不及退却，洛斯已经进入我的灵魂；
> 他的恐惧占据了我的全部；我在愤怒中崛起。

两个男性人物互相抚摸，一个在亲吻，另一个在支撑，两个人像合二为一，看起来确实能够引起德里克这位20世纪后期的酷儿艺术家/诗人的兴趣。如果说布莱克和弗鲁德的作品与德里克的《GBH》系列画作有着超越形式层面的关联，可以说它们一方面提供了毁灭和更新的图像，另一

1 威廉·布莱克：《弥尔顿》，A版复制，大英博物馆，伦敦，版20（文本），21（图像），《弥尔顿》的复制品可在威廉·布莱克档案网上查看。

方面也提供了力量和灵感。

有趣的是，至于另一种媒介（电影），德里克在《以卵击石》里告诉我们，电影《英格兰末日》（1987）的最初片名之一是就是《GBH》[1]，这正预示着这一系列画作与电影主题的一致性。

1 贾曼：《以卵击石》，第190页。

## 6　8 毫米与 35 毫米之争

1986 年，德里克与另外 9 位导演受邀一起为制片人唐·博伊德正在制作的电影长片各自提供一部根据歌剧里的咏叹调改编的短片。这部名为《华丽的咏叹》(*Aria*)(1987)的影片包含了尼古拉斯·罗伊格(Nicolas Roeg)、布鲁斯·贝尔斯福德(Bruce Beresford)、让-吕克·戈达尔(Jean-Luc Godard)、罗伯特·奥特曼(Robert Altman)、朱利安·邓波(Julien Temple)、查尔斯·斯特里奇(Charles Sturridge)、弗兰克·罗达姆(Franc Roddam)、肯·罗素和德里克等人的作品。虽然德里克不知道其他导演们在怎么拍，但他有一个敏锐的想法，那就是他们都会相当忠实地遵守正统的制片厂或剧情片的拍摄方法：也就是说，他们会跟随叙事用高光效的 35 毫米胶片(可能还有 16 毫米的外景)拍摄，总的来说，他们会让电影看起来尽可能地昂贵。

他自己的部分选择了古斯塔夫·夏庞第(Gustave Charpentier)《路易斯》(*Louise*)里的咏叹调《在那一天》(Depuis le Jour)。他同时用 35 毫米胶片和超 8 拍摄。影片以彩色画面开头：用 35 毫米胶片拍摄的一位老妇人在如玫瑰花绽放的舞台上弯腰。她看起来若有所思又心满意足，接着切换到以下系列场景：一个年轻女子在海边的花园里和一个年轻男子在海浪中嬉戏。这些户外场景有黑白，有彩色，且都是用超 8 拍摄的，有些场景用的是如梦似幻的慢动作，有些则是急促的快进（其余的则是正常速率）。8 毫米胶片的帧数比 35 毫米胶片的帧数小 16 倍，因此它可以记录不同于 35 毫米胶片的信息量。尤其是当在电影院中（如这部电影）将投放其到 35 毫米时，焦距柔化，画面变得更近，甚至看起来有些模糊。这些特性使得 8 毫米胶片拍摄的《在那一天》部分看起来比 35 毫米单纯。不同技术的使用意味着时间的流逝：因为它看起来更简单，8 毫米的镜头看起来也比其他的要老旧。德里克将画面与年龄相结合，年轻时期用更老旧的 8 毫米，让这些画面看起来更久远。与家庭录像的紧密的联系赋予了它更多的记忆内涵。所以，虽然所有的镜头都是 1986 年拍摄的，但观众形成了这样一个想法：年轻的女人和老妇人是同一个人，她向生命弯腰，回忆起几十年前的青春、欢乐与爱恋。

最终成片是一部优美动人的 5 分钟短片，与莱昂廷·普莱斯（Leontyne Price）的优美咏叹调相得益彰。然而，在讨论德里克的作品时，它却一直没有得到重视。部分原因是由于长期以来《华丽的咏叹》全片被贬低和遗忘。其他导演拍的部分也没有一部被认为是他们最好的作品。但德里克的那一段却比其他所有人的都要出色。事实上，他在本片中完成了一次精彩的颠覆。其他的导演看起来不仅受制于一种更烦琐的电影制作过程，即传统剧情片的拍摄方法，而且他们的作品极力追求叙事性，在某些情况下甚至让演员们随着歌声做口型，想象力十分匮乏。他们似乎沉迷于死亡主题，影片往往是暴力的，而且只为年轻人而拍。（其他导演）观念和过程的庸俗性在德里克的深刻、克制、谨慎和非凡的想象力之下被暴露出来，这与他的拍摄方法是分不开的。超 8 摄影机实现了需要起重架和轨道、机身笨重的 35 毫米摄像机达不到的效果。在一个连续的镜头中，我们看到一只海鸥从拍打着岩石岸的浪花上飞过，海鸥飞行的动作细微而复杂，翻身，下沉，然后又回到原来的路线上。[1] 这一连续镜头不可能被 35 毫米摄像机自然地捕捉到，它极大地增强了回忆中电影所创造的精神自由。

《在那一天》显示了德里克在此领域的权威性。完成作品时，德里克已经成为 8 毫米和 35 毫米领域的专家。1984 年 10 月，他参加了由英国电影学院赞助的电影人前往苏联的旅行。在那儿，他发现了一个奇怪的平行世界：当时正是英国警察打击罢工的煤矿工人，突袭和关闭同性恋书店和酒吧的时候，看起来苏联的审查制度并非在现代世界中不合时宜，它看上去就像同一枚硬币的另一面。德里克在莫斯科和巴库用超 8 拍摄，其中一座房子现在成了博物馆，

1 《在那一天》中的一些片段是由克里斯托弗·休斯制作的。在《以卵击石》中，贾曼用肯特郡树林中的蓝风铃举例，证明 35 毫米的笨重和不灵活，第 169 页。

它曾属于著名导演谢尔盖·爱森斯坦。在旅途中，其他一些电影人也为他提供了一些镜头。最终完成的影片中，他对这些镜头作了补充，一个艺术家画了一群身穿英军制服、举着红旗的年轻人（这是对东西方既相互压迫又相互依赖的隐喻），最终成为一部 27 分钟的电影《想象中的十月》（*Imagining October*）。加入一个画家角色不仅表现出对卡拉瓦乔更深一步的敬意，而且，正如德里克回忆录《以卵击石》中的一部分内容所表明的那样，它满足了与艺术的使用和功能问题相关的更复杂的冲动（因此通过利用电影，我们可以看到它。）[1] 简短的诗剧的字幕唤起了人们对无声电影的时代（爱森斯坦时代）的记忆，德里克表达对当前时代的不满："市场力量……观众收视率/粉碎拥有独立良知的有效表达的最佳手段。"这首诗显露出艾伦·金斯堡和威廉·布莱克的影响，威廉·布莱克的一首诗［《病玫瑰》（The Sick Rose）（1794）］在电影中再现，而另一首诗［《地狱箴言》（Proverbs of Hell）］被有意地略微误用。谴责年龄（"损害天才和人类的罪行，/历史被洗劫，/加剧智力和情感的贫乏"），德里克总能够以微弱的甚至是个人的力量指向希望（尽管事后回顾起来并不重要）。

### 私人方案

1 贾曼：《以卵击石》，第 92—109 页。

坐在爱森斯坦的书房里

有一台家庭录影机

想象中的十月

一部微动作的电影

德里克在爱森斯坦的书房里构思着观众正在观看的电影。似乎艺术家终究在抗议当代世界的不公和愚昧时占有一席之地，他们指出伪善，赞美生命力，抗议资本和国家的罪行。因此，拍摄这部电影本身就是对当今世界压抑状态的正面回应。上文所引用的最后一句话成为德里克如何看待自己的电影制作形式的关键词，这种形式是以超8为基础的，而他当时也在通过其他作品进行探索，这种思考凝结成电影《天使的对话》(1985)。

这部影片是在1984年夏天拍摄的。一卷超8胶卷通常能以每秒18帧的速度拍摄3分20秒长的胶片。但是，德里克的相机以每秒6帧的速度拍摄，这样一盒磁带的拍摄时间可以延长到三倍，如此一来，无论他想拍什么动作，都可以在胶片用完前结束，不用担心胶片不够，而且也大大降低了成本。以每秒3帧的速度投射到墙上，10分钟的卡带被拉长到20分钟。最后录制成VHS格式磁带进行剪辑，再转印到35毫米胶片上。对观众来说，就像观看一串快速闪动的静止照片。它们凝聚成一幅幅快速闪过的画面，但又不失成为一连串的独立瞬间效果。时间变慢了。镜头上的微小动作都变成巨大的存在。闪烁的烛火似乎有一种如纸一样的质感，因为它显示了构成 8 毫米胶片的细小圆形单元。因此，审美效果在很大程度上依赖于对影像材质的物理操作。德里克并没有像正统的 35 毫米胶片使用者那样，理所当然地追求清晰度，而是在胶片的问题上作了探索和实验，由此才产生了这种缓慢而陌异的效果。

《天使的对话》在 78 分钟的片长中没有任何叙事。相反，它呈现的是一系列具有象征性或精神性主题的片断：旅行；苦难；与自我的冲突；对国王的敬意和服侍；冥界；爱的回忆花园。德里克宣称整个影片是荣格主义（Jungian）的，甚至在方法上也是如此，因为他是先拍了这部影片，然后再决定之后主题可以是什么。他写道，阅读荣格的作品让他有信心将他的梦境影像漂流和碰撞在一起。[1] 这是他个人在其所有电影中最喜欢的：神秘而又抒情。他形容它“不是叙事，而是诗意”。[2] 影片的中心主题是同志的爱情，朱迪·丹奇（Judi Dench）朗诵莎士比亚的十四行诗作为主题的配音，德里克选择了这首十四行诗作为主题是因为他们对爱情心理学的探索是坚定有力的。德里克写道，选择丹奇避免了让观众以为是两个男性角色中的一个人在念诗，从而引入一种等级观念。同时用女声也拉开了距离，

---

1 贾曼：《跳舞礁》，第 128 页。
2 西蒙·菲尔德（Simon Field）对贾曼的专访，Zeitgeist Video 发行的《天使的对话》DVD，收录在《Glitterbox》，2008 中。

将同志爱情概念化，同志之爱理所当然该被定义为爱情，不再需要修饰性的形容词。

《天使的对话》1985年在柏林电影节首映，同年夏天在英国放映。《想象中的十月》从来没有真正公开上映过，很显然是因为柏林电影节官方认为这样可能会为威胁到德里克所拍下来的那些苏联人的安全。制片人詹姆斯·麦凯认为对《想象中的十月》的施压反而激发了德里克着手去拍《英格兰末日》的念头，这部片子里能看到《想象中的十月》的主题的影子，不过是朝着不同的方向发展。[1] 尽管如此，1986年夏天，德里克仍然带起一股用8毫米胶片拍电影的潮流，比他此前在《日影之下》里达到的技术水平更进一步。他将基于激情去拍摄，可以没有剧本，音轨的画面轨道完全分离，他做的一切完全与传统的电影拍摄方式背道而驰，"微动作电影"这个概念恰如其分地说明了他的这种电影制作方式。同年9月《卡拉瓦乔》最终开始拍摄的时候，意味着他开始首次以35毫米的正统方式拍电影。电影剧本重新修改了17次（其中13次是德里克本人改的），他投入了大量的精力钻研和实验新的拍摄形式。他对于采取无叙事拍摄电影这种形式感到骄傲。他厌恶剧本并且此前已经拍过两部没有剧本的电影。然而，在这里，他要专注于关于卡拉瓦奇这个画家的故事，除了他的生活

1　詹姆斯·麦凯：作者专访，2010年3月8日。

是充满暴力的，而且（更暧昧的是）他可能是双性恋甚至是同性恋之外，当时人们对他几乎一无所知。意大利资深编剧苏索·塞奇·达米科（Suso Cecchi d'Amico）想要在这段生活中注入一些叙事性的东西，就像《跳舞礁》告诉我们的那样。

虽然《卡拉瓦乔》仍然是德里克最著名的电影——这归功于它得到了最好的宣传，但这并不是他最好的电影。电影前20多分钟有节奏地呈现生活，尤其是瘦小的德克斯特·弗莱彻（Dexter Fletcher）饰演的少年卡拉瓦乔在灰白墙壁的室内拿着酒瓶来回兜转，“折磨和驾驭”了一位与之心灵契合的“艺术恋人”，两人都因为体力不支而脸色发红，这一段让人记忆深刻。在这之后，能量的消耗是可感知的。当时，亚当·马尔斯-琼斯（Adam Mars-Jones）在《新政治家》（*New Statesman*）杂志上写道，他认为德克斯特·弗莱彻呈现的是“（拥有）极端的气质的……不道德的、惊人的生命力”的少年卡拉瓦乔，而尼吉尔·特瑞（Nigel Terry）扮演的成年卡拉瓦“乔失去了所有的活力”，似乎比任何人都要忧郁。[1]

在影片中，卡拉瓦乔一度重申了德里克的“艺术就是偷窃”的观点，他又一度为自己“纯洁的精神困于物中”而欣喜不已，然后又马上感叹“像田野里的百合花一样自

1　亚当·马尔斯-琼斯：《新政治家》，1986年4月25日，第29页。

由的东西，却被变态地挂在了罗马的祭坛上”。可以说这是意识形态上的两难，艺术家被有钱有势的人收买，就像他反过来雇用模特儿一样，这是影片中一个有趣的中心主题。德里克在《跳舞礁》中写道：“文艺复兴时期虚假的个人主义正在消亡，它既引发资本主义，又诞生于资本。艺术开始于与美第奇家族（Medici）银行的合作，终结于华尔街的破产。”[1] 德里克在影片中提出了一个关于阶级冲突的观点，而这个观点一直没有被恰当地记录下来：因为与文艺复兴时期的艺术环境的纠葛而死的人是工人阶级夫妇：莱娜（Lena）和拉努乔（Ranuccio）。

在与电影配套的书中，德里克指出，他“迷恋”于对过去的解读。[2] 不仅是过去，尤其使他感兴趣的是现在如何对待过去，将这一点应用到他自己的电影中，可以解释为什么他有如上文所述的总是在讨论过去的语境中评论现在的倾向。[3] 在《跳舞礁》中，他所反对的不是具体的个人，而是80年代中期一小撮人的一些活动。环顾四周，他可以看到萨奇（Saatchi）兄弟大量干预当代艺术市场，同时通过他们的广告公司，确保他们的“大客户”撒切尔夫

---

1 贾曼：《跳舞礁》，第235页。关于卡拉瓦乔，也参见贝尔萨尼（L. Bersani），杜托伊特（U. Dutoit）：《卡拉瓦乔》（*Caravaggio*），伦敦，1986，第25页。

2 贾曼：《德里克·贾曼的〈卡拉瓦乔〉：电影全剧本及其评论》（*Derek Jarman's Caravaggio: The Complete Film Script and Commentaries*），伦敦，1986，第25页。

3 贾曼也坚称莎士比亚也是一个“对过去的拥护者”，这是一种对同性恋现象的支持，参见西蒙·菲尔德的采访。

人和保守党当选和连任。与此同时，萨奇的亲信广告大亨大卫·普特南成为电影制片人，并积极参与英国电影年（British Film Year）的活动。

1981年，普特南的作品《烈火战车》（*Chariots of Fire*）在戛纳电影节亮相，德里克发现普特南告诉演员伊恩·查尔森（Ian Charleson）让他自称这是他出演的第一部电影，而事实上，查尔森在《庆典》中饰演过主要角色之一。[1] 查尔森向德里克道歉，但这位广告人擅自改写历史的行为，让人感到类似铁幕以东某些国家，也给《想象中的十月》带来了一些讽刺。在这之后，“蚁人”德里克经常在公开场合批评“巨人”普特南，而普特南也不吝于用讽刺的方式来打压对手。[2] 在萨奇家族和普特南的各种行为中，德里克发现了财富和阶级利益、政治、艺术和电影的联系，而这些都是《卡拉瓦乔》的主题。

对《卡拉瓦乔》的评论众说纷纭。《城市界线》（*City Limits*）认为这是部“沉闷”的电影，“不能让人兴奋”，而且有一种“冷酷的感觉”，而《金融时报》则认为这部电影的启明星是“卡拉瓦乔对真理的追求”，让这部电影令人

1 本段信息来自贾曼1986年《卡拉瓦乔》试映后在BFI主持的讨论的录音带。这盘磁带收录在Zeitgeist Video发行的《卡拉瓦乔》DVD，2008中。

2 1986年3月12日，在电视上利用电影导演艾伦·帕克（Alan Parker）作为代言人，参见托尼·皮克：《德里克·贾曼》，第358页，以及大卫·罗宾逊（David Robinson）对帕克压制贾曼的拙劣企图的反驳，《泰晤士报》，1986年3月12日，英国电影学院，贾曼Ⅱ，卡拉瓦乔，盒7。

着迷。[1] 不过，总体而言，在影评人中，好评当然多于恶评。有趣的是，从现在的角度看，越是大众化和市场化的产品，评论家们似乎越喜欢。在这一点上，著名画家和艺术史学家劳伦斯·戈恩（Lawrence Gowing）提供了一个很好的例外，他在《泰晤士报文学副刊》评论了这部电影。戈恩认为这部电影是一种“相当了不起的沉思”，源自于卡拉瓦乔的画作和他的时代，“是对过去的重新想象这一主题有趣而独特的反思”……（它有）毋庸置疑的美感，有时还为推测画作是如何被画出来的，提供了相当有力的依据。他把注意力转向性的问题，说道：“我不知道在电影中手动呈现诗歌已经可以拍得这么好了。”[2] 在这里，他似乎是在暗指卡拉瓦乔即将死去时的画外音，在画中，他回忆起了童年时与帕斯夸隆（Pasqualone）的一段性爱经历。

> 我看着他裤子里的勃起。我可以把手伸进去吗？话音略带尴尬地落下……我跪在他身边，手怯生生地伸向黑暗中……他的阳具在我的手心里渐渐变暖。帕斯夸隆说他的女人塞西莉娅（Cecilia）可以握得更紧：再用力点，米开莱(Michele)！

---

1　奈杰尔·波利特（Nigel Pollitt），《城市界线》，1986年4月24日—5月1日，第23页；奈杰尔·安德森（Nigel Andrews），《金融时报》，1986年4月25日。

2　劳伦斯·戈恩：《泰晤士报文学副刊》（*Times Literary Supplement*），英国电影学院，贾曼Ⅱ，大型笔记本7。

在接受《方格》（*Square Peg*）采访时，德里克曾说："帕斯夸隆的故事就是我的故事。在临终前的画外音是就是我的自传。"[1] 然而，他在回忆录中唯一揣在兜里不想袒露的事并不是在他 4 岁时在意大利的记忆，而是后来在阿宾顿一个空军基地的经历。这些都是关于飞行员约翰诺（Johnno）的事，在 1950 年代的《后果自负》一书中有所记录。[2]

并非有许多影评人像戈恩这样直接提到性，《新闻周刊》（*Newsweek*）的爱德华·贝尔（Edward Behr）认为这部电影既"大胆而古怪"又"纯洁，诗意和克制"，他在《新闻周刊》上向读者担保，这部电影"比起几百万'十岁孩子'每晚看的电视节目，要有百倍的品位"。[3] 戴里斯·鲍威尔（Dilys Powell）为《笨拙》（*Punch*）杂志撰文，描述了这些催眠的面孔：

> "黑暗动人……（这部电影）让人不愿意再去看当天的另一部电影……忧郁，野蛮……丰富的视觉效果……人们所见的面孔是强烈的，堕落的和画家式的，好色的，嘲弄的和美丽的……德里克·贾曼都捕捉到了……他传达给人们的是一个没有法律、暴力的地下社会之感。人物动作呈现得很好，

1 贾曼：《方格》采访，1986 年，英国电影学院，贾曼 Ⅱ，盒 26，条目 7。
2 贾曼：《现代自然》，第 28 页；《后果自负》，第 27 页。
3 爱德华·贝尔：《新闻周刊》，1986 年 5 月 5 日。

> 然而，更多是由面孔所传达的。在今天的世界里，能准确找到这种过去的化身，本身就是一种胜利。”[1]

这似乎是德里克的“微动作电影”的胜利。在一次采访中，他说：“在《卡拉瓦乔》中，我把注意力集中在小动作上，比如眼睛的闪烁……脸颊上的泪水。”[2] 这意味着从8毫米胶片中积累的经验被应用到与之不同的35毫米胶片形式上。悲怆的面孔是卡拉瓦乔艺术的一大特点。

在卡拉瓦乔的绘画中，比起完美无瑕的完成度，总是有更多的东西能够传达出一种现实主义之感，让人着迷，爱不释手。这种多出来的部分来自人物的心理或精神生活的凄美和痛楚。因此，在描绘圣马太（St Matthew）的画中，这个要写福音书的信徒似乎并不擅于写作，他蹲在桌旁，仿佛这是一个工作台。他不得不等待一位仁慈的神祇为此而派来的天使去提醒他想说的话。在《逃往埃及途中的小憩》（*Rest on the Flight into Egypt*）中，有一位天使被派下来帮助圣家[3]。天使拉着小提琴哄圣母和孩子入睡，但他并不熟知音乐，于是约瑟（Joseph）好意地把乐谱举起来让他（和我们）去看。约瑟的表情是专注而严肃的，也有点疲惫和怀疑。在另一幅画中，当圣彼得（St Peter）被钉在十字架上的时候，

---

1 戴里斯·鲍威尔，《笨拙》，1986年4月30日。

2 贾曼：马丁·赛顿（Martin Sutton）的采访，未注明日期，收录于《剧照》（*Stills*），英国电影学院，贾曼Ⅱ，条目7。

3 圣家（holy family），基督教所鼓励的核心家庭（父、母、子、女）。（译者注）

他使劲儿朝上看研究着钉钉子的过程，仿佛他的主要关注点是这个钉钉子的匠人应该做得很好。德里克完美地传达了卡拉瓦乔的主题绘画中的这种感觉，首先是在电影开头的一个镜头中，哑巴耶路撒冷（Gerusalemme）的母亲静静地站在那里，当她的儿子离开，将以卡拉瓦乔的助手身份去过今后的生活时，她脸上挂着两行沉默的眼泪。后来在接近尾声时有一个镜头，一个抱着卡拉瓦乔尸体的男人稳稳地看向镜头。在这两个镜头中，用的都是非专业的男女演员，镜头停留了几秒钟，而这两个镜头却显出了沉重的人性。

这部电影在视觉上令人印象深刻，受到在意大利出现的新现实主义影响，在克里斯托弗·霍布斯的美术设计，桑迪·鲍威尔（Sandy Powell）的服装设计和加布里埃尔·贝里斯坦（Gabriel Beristain）的摄影的加持下，于柏林电影节上斩获大奖是意料之中的。这部电影还吸纳了众多才华横溢的演员，例如，让蒂尔达·斯文顿（Tilda Swinton）出演了她的第一个电影角色，再加上肖恩·宾（Sean Bean）的出色表演。如果一定要说有什么问题，那就是剧本，正如当时几位影评人指出的那样，这部电影在改编过程中饱受“折磨”。[1] 本片中的人物很少有对话。通常的模式是，一个人物说话，另一个以沉默回应。然而，位于中心的双

1 “A. G-D” 在《哈珀斯》（*Harpers*），阿兰·斯坦布鲁克（Alan Stanbrook）在《剧照》，约翰·罗素·泰勒在《视与听》（*Sight and Sound*），伊安·约翰斯通（Iain Johnstone）在《星期日泰晤士报》，均参见英国电影学院，贾曼Ⅱ，条目7。

性三角恋（莱娜、拉努乔和卡拉瓦乔）堵住了影评人的嘴。对于马克·芬奇（Mark Finch）而言，他们“在绝望中的贪婪，在对欲望的认知和欲望的永恒性中态度狡猾”[1]。马克·卡斯特尔（Mark Castell）在《星期日电讯报》（*Sunday Telegraph*）上写道：“它的激情让人热血沸腾。”绘画和诗意的特质与双性三角恋结合在一起，构成了“关于性与社会习俗，和艺术和政治的具有冲击性的，有时甚至带有恶作剧式的滑稽挑衅”。[2]

虽然不是德里克的最佳影片，他也没有获得任何其他奖项，但《卡拉瓦乔》最终被拍成了电影，这本身很重要，它为德里克赢得了可靠的名声。“作为学者和空想家的导演的胜利”是《泰晤士报》相应文章的标题。[3] 他推动了这个大企划，事实证明，这是一个非常有趣和有价值的企划，并因此获得了一些赞誉和声望。在《星期日邮报》（*Mail on Sunday*）看来，“冒着最近保守党议员对温斯顿·丘吉尔（Winston Churchill）的炮火，德里克·贾曼惊人的才华在英国电影人中脱颖而出，成为佼佼者”[4]。然而，德里克也感受到35毫米胶片在拍摄上各种细致的要求限制了发挥，用35毫米胶片时需要每一个镜头都精确计算，音响

---

1 马克·芬奇：《电影月报》（*Monthly Film Bulletin*），1986年4月，第99—100页。
2 《星期日电讯报》，1986年4月27日。
3 大卫·罗宾逊：《泰晤士报》，1986年4月25日。
4 《星期日邮报》，1986年4月27日。

师、调焦师、替身演员等都需要准确配合，所以在《卡拉瓦乔》之后，德里克的第一反应是回到超8还未完成的工作中去。[1]

重返超8意味着得和另一群人合作，尤其是其中一些刚从电影学院毕业的人，在某种程度上可以说这次集合了1980年代德里克制作所有8毫米电影和音乐电影的那批人，理查德·赫斯洛普、克里斯托弗·休斯、塞里斯·温·埃文斯、彼得·卡特赖特（Peter Cartwright）和另一位制片人詹姆斯·麦凯（《天使的对话》与《想象中的十月》的制片人）。1986年的几个月中，德里克以一个系列作品的名义拍摄了电影：《GBH》和《差三分到午夜》（*Three Minutes to Midnight*），将这个企划与1984年的ICA绘画回顾展相结合，当时《GBH》系列绘画在一个摆放了安迪·马歇尔的一些落地钟空间中展览，让指针停在某个时刻。这个系列还有一部影片《死海》（*The Dead Sea*），但这个名字似乎不太适合，最终改为了《英格兰末日》，与福特·马多克斯·布朗（Ford Madox Brown）的那幅画同名，这一画作展现了1850年代移民被迫远离故乡开始流亡；在接受《今日马克思主义》（*Marxism Today*）采访时问到两者的相关性时，德里克说："我是英国土地上彻底的

1 关于35毫米的限制，参见迈克尔·奥普雷对贾曼的采访，《电影月报》，LIII/627，1987年4月。

流亡者。”[1]

德里克会偶尔在不同地点很自然地拿出8毫米胶片拍摄［包括在德里克的伤心地纽约，他去参加《卡拉瓦乔》的开幕式，在那里他失去了他当时的恋人斯普林(Spring)——也出现在《英格兰末日》的开头部分］。后来又在伦敦东郊荒废的皇家维多利亚码头进行了为期一周的补拍。这个地点本是租来拍摄史密斯乐队和伊斯特豪斯乐队（Easterhouse）的MV短片，但在他们完成MV拍摄后还有多余的时间。就这样，德里克在没有剧本的情况下，只花了很少的“预算”（用电影术语来说）就完成了拍摄。这个过程中最昂贵的部分是后期制作，几乎耗尽了整部影片26万英镑的预算，其中包括：选择和组装所需的镜头，将其转成视频，上色，为了实现影片效果需要极速剪辑，而这只有在录像带中才能实现[2]，然后再转成35毫米的胶片。最终影片在艺术上的成功在很大程度上要归功于西蒙·费舍尔·特纳（Simon Fisher Turner）的配音和尼吉尔·特瑞为影片配音。德里克写道，这部电影“用影像和声音来表达，这是一种比散文更接近诗歌的语言”[3]。除了模仿纪念日仪式的戏份外，影像和声音是完全独立的体系。

1 《今日马克思主义》对贾曼的采访，1987年10月。
2 安妮特·库恩（Annette Kuhn）估计一个三分钟的镜头要剪150次，在《家族秘密：记忆和想象的行为》(*Family Secrets: Acts of Memory and Imagination*)，伦敦和纽约，1995，第110页。
3 贾曼：《以卵击石》，第185—187页。

这里没有那些惯常而乏味的电影常规，如正反打镜头、180度轴线法则、视线镜头和定场镜头，故事、情节、过渡镜头和升降镜头都完全没有。影片中的长镜头是在一群人之间游走，拍摄的事件或行为似乎存在于电影世界之外。手持摄影机随着人们的行走而摇摆，在人群中穿梭。这个事件本身似乎比所谓电影或被摄影机拍摄更为重要，似乎是电影和摄影机发现并见证了它们，而不是像传统电影中那样，一切都像为了电影而上演。因此，这些镜头显然预示着 21 世纪英国和国际电视、电影中的许多“现实”风格的摄影手法的出现。例如，当导演尼古拉斯·希特纳（Nicholas Hytner）在拍摄《历史系男生》（*The History Boys*）中的一个场景时，他表示很高兴能够使用两台手持摄像机来拍摄，摄像机似乎成为动作的一部分，他有意无意地效仿了德里克的做法。[1]

蒂尔达·斯文顿用“前工业”（pre-industrial）这个词来形容《英格兰末日》的拍摄方式[2]，德里克的目标是拍一部商业片，拍完之后才把成品拿去给发行商，而不是一开始就拿他们的钱，不得不在拍摄过程中妥协。

结果，《英格兰末日》完全不同于其他任何剧情片。它填补了英国被轰炸和被入侵时期大量的视觉细节，在

1 尼古拉斯·希特纳：导演口头评论，参见《历史系男生》DVD，2007。
2 蒂尔达·斯文顿：美国全国公共广播电台采访，奥斯汀广播，得克萨斯，2008年7月1日。

《GBH》系列绘画中德里克就已经被广泛地的处理过。影片中持续不断的大火和浓烟，在这种意象的根本层面上与绘画建立了连续性。罗伯特·休森（Robert Hewison）描述了影片的奇异性。

> 没有叙事……也没有对话，几乎就只剩下声音和画面持续不断地一个接一个晃过，它们互相交织，又彼此背离……贾曼提供了一种艺术家的视角，取代了传统电影制作人的自然主义虚构。[1]

休森对艺术在社会中的地位很感兴趣，他在对电影的讨论中强调过这一点。事实上，尽管他这样断言，但影片中的其实有8句对白，全部发生在戏仿纪念日仪式的过程中。一位扮演王室的女演员与扮演蒙面士兵的演员对话。

> 上膛了吗？
>
> 是的，夫人。
>
> 你在福克兰群岛开心吗？
>
> 是的，夫人。
>
> 那你准备下一次出征了吗？
>
> 是的，夫人。

1　罗伯特·休森，《未来时态：九十年代的新艺术》（*Future Tense: A New Art of the Nineties*），伦敦，1990，第75页。

（**津津有味地**）这会是一场大仗，对吗？

希望如此，夫人。

这段对话将影片中展现的军国主义压迫与1982年的马岛战争联系在一起，并将其他有帝国主义倾向的行为的危险性联系在一起。在这里，德里克似乎是个预言家。

迈克尔·奥普雷总结说："《英格兰末日》是贾曼最辉煌的电影，是一个重要的艺术成就……就算不是战后时期，也是80年代英国最重要的一部电影……贾曼把对英国后帝国主义的批判发挥到了极致。"[1] 安妮特·库恩对个人记忆很感兴趣，她过于强调了影片中的悲哀和忧郁元素，尽管她的评论都是情绪高亢的。在她看来，这部电影是"声音和图像的奇妙组合……万花筒式的视觉……幻觉般的梦境……令人眼花缭乱的展开……有一种难以抗拒的、绝望的美感"[2]。格斯·范·桑特（Gus Van Sant）强调这部电影（以及史密斯乐队和宠物店男孩的音乐电影）技术上的特质也是有目共睹的："有些用超8摄影机能做的事，是用大一点的摄影机做不到的。"[3] 然而，对于影片的艺术效果，威尔·瑟夫（Will Self）的总结是最好的："在《英格兰末日》中，贾曼为我们提供了一组极具辨识度的又极度

1 迈克尔·奥普雷：《德里克·贾曼：英格兰之梦》，第156页。
2 安尼特·库恩：《家族秘密：记忆和想象的行为》，第119—120页。
3 格斯·范·桑特：《牛仔女郎也会蓝调 & 我私人的爱达荷》（*Even Cowgirls Get the Blues & My Own Private Idaho*），伦敦和波士顿，1993，第34页。

丰满的画面，展现了我们分裂的本性：美丽与残暴，感性与黑暗。”[1]

不管评论家怎样看，《英格兰末日》确实是对撒切尔主义意识形态的大肆抨击。电影里呈现了一种裸体的、哭泣的、接近疯狂的男性，他们无法养活自己，又在影片中穿插着另一种男性的镜头，他们身体虚弱，还被指责浪费了世界上的资源，这正是对抗议撒切尔主义经济的核心，就像影片的其他部分展现了德里克对撒切尔主义噩梦其他方面的抗议一样。政府的暴政成为自然世界和社会秩序解体的主要因素。“希望与荣耀的土地”这段情节是苦涩的讽刺，对王室婚礼的戏仿也是如此。尼吉尔·特瑞的四种配音通过传递德里克粗犷的诗句（“橡树今年都死了。每一座青山上，都有悼念者伫立，为英格兰末日哭泣”），特瑞的声音干练有力，强调了诗歌的愤怒和讽刺，淡化了诗歌的忧郁和悲伤。[2]《英格兰末日》是一部愤怒的电影，德里克在几年后告诉电台听众，“愤怒推进了我的作品……我的很多电影都是由愤怒来推动的”，尤其是对政治形势的愤怒。影片中的一首诗明确引用了艾伦·金斯堡《嚎叫》（*Howl*）中的“我看见这一代最杰出的头脑毁于疯狂，挨着饿歇斯

1　威尔·瑟夫：“Cool的诞生”（Birth of the Cool），《卫报周末》（*Guardian Weekend*），1994年8月6日。

2　一些诗歌引自《以卵击石》（排版为散文），但这与最终影片中能听到的内容并不完全一致。

底里浑身赤裸”[1]，还有一句引自 T. S.艾略特的《荒原》（*The Waste Land*）。很明显，这两句诗激发了电影制作人的观点。《英格兰末日》中的反乌托邦是从艾略特那里发展而来。在德里克为这部电影所做的笔记中，“伦敦桥上拥挤的人流”和“时间的现在时间的过去时间的未来”等短语强烈地唤起对艾略特《荒原》和《四个四重奏》（*Four Quartets*）的回忆。它们表明，早期诗人的能量在德里克的想象中是异常活跃的。[2] 德里克将这部电影描述为“梦中的寓言”：“在梦中的寓言中，诗人在幻境中醒来，在那里他遇到了精神状态的化身。”[3] 在这里，他含蓄地承认他对国王学院第一学位的感恩：最著名的梦中寓言可能是约翰·兰格伦（John Langland）的中世纪诗歌《农夫皮尔斯》（*Piers Plowman*），除了大学文学课程，很少有人去阅读。

德里克在他的笔记中引用艾略特的话，说明了诗意的画外音和影像的意象之间如何建立隐喻。其中一个画外音告诉我们：“在‘恐龙’继续前进之前，平民们缄默地看着婴儿车里的孩子们被吞噬。”笔记上还提到了一组被拍下的镜头（这也成为了影片最后的一部分），一辆躺着婴儿的婴儿车里装满了低俗刊物，还有“在几份《太阳报》（*The Sun*）上有孩子被侵害的画面”。掠食（和“恐龙”）的隐

1 引自惠明译本。（译者注）
2 英国电影学院，贾曼Ⅱ，《英格兰末日》，盒 12，条目 13。
3 贾曼：《以卵击石》，第 188 页。

喻就这样被揭示出来了。德里克接下来写道："这些图像不言而喻，这是强烈又清晰的蒙太奇。"

他也清楚地记录了他关于以下这组镜头的准确想法："用一组斯普林的镜头，几乎不用剪辑让它急速流动，使画面在不断的重复中得到强化。声音，用真正的声音，没有音乐，用的是心跳声和喘息声。"然后，"斯普林砸碎了这亵渎之爱。然后又回到这组镜头……一定要像激流。"[1] 这一切最终在影片中都非常忠实地体现了出来。很难想象一部被制片公司束缚的正统剧情片导演会这样去想和拍。

在德里克为《英格兰末日》所写的笔记中，展现了电影制作人在创作中迷人的诗意景象。笔记本很大，就像一本胀鼓鼓的相册，似乎是作为一个连续的整体而不是被细分为不同的组织部分来写的，这些笔记本展示了电影制作人的想法的出现，演变，发展和削减。例如，在第一本笔记本的开头，电影被设想为一个由钟罩中的蜘蛛讲述的系列故事。[2] 裕仁天皇（Emperor Hirohito）的画外音出现在威廉·布莱克和马修·阿诺德（Matthew Arnold）极度忧伤的"多佛海滩"中。在所有早期不同的草稿中，它们几乎无缝地融合在一起，成为最后画外音的片段。德里克能从其他被遗弃的章节、句子和段落中挑出好的部分，这很了

1　英国电影学院，贾曼Ⅱ，《英格兰末日》笔记，盒12，条目13。
2　英国电影学院，贾曼Ⅱ，《英格兰末日》，盒12，条目7；贾曼：《以卵击石》，第215页。

不起。具体的、陈旧的段落都消失了。如“在英国郊区的秘密钵中”，在最后变成了“在英国郊外的寂静中”，“上个星期官僚毒死了最后一株毛茛[1]”变成了“除了政府官僚用落叶剂毒杀毛茛，空无一物”。要说在最后的版本中消失的具体部分，肯定是指德里克心爱的多塞特郡兰顿·马特拉弗斯村。笔记本中还有一些写给自己的笔记：比如在开头，“1986年5月核事故后，比较正式的电影似乎基本上已经过时。从1月开始，情况就发生了变化，我们经历了利比亚事件和苏联事件”。直到笔记本的中间，在这本已经改名为“差三分到午夜”的电影笔记本上，出现了对电影本质的沉思。

> 这种静止的忧郁能成为电影吗/改编自小说的电影能适应暴力的叙事吗。剪辑。真正的剪辑。最后的剪辑很难呈现落日和花朵本来的样子……

在笔记本上，他开始重复和重写之前的诗句。所有这些大篇幅的书面笔记中，夹杂着德里克用黑色的明信片，金色的墨汁写下的手写笔记作为视觉图像。例如，“蒂尔达在基默加米”“介绍路面的低空镜头”“两个男孩抽烟吞云

---

1 原文为 buttercup，是一种毛茛科植物，淡黄色，全株有毒，外表类似菊花。常用来形容女性的阴柔品质。Buttercup 在俚语里也有“甜心”“宝贝”之意。（译者注）

吐雾。比上面的场景更好”“蒂尔达和英国玫瑰”“骑马的裸男”。下一本笔记本上的类似注释“也许是水坑里的雨点的镜头”，让人想起荷兰默片导演尤里斯·伊文思（Joris Ivens），德里克在《现代自然》中多次提到伊文思，但在关于德里克的研究文献中却从未被关注。不过，需要强调的是，在笔记本中，诗意的字句和具体的影像被有计划地放置在一起。这种充满主观沉思和诗意的笔记本已经取代了传统的脚本，成为德里克创作的载体。

这部电影虽然画面暗淡，但却令人振奋，德里克小心翼翼地引用了科林·麦凯布和蒂尔达·斯文顿在《以卵击石》中的这句话。[1] 这般令人振奋的气势来自影片在美学层面上的超前，对于剧情片来说是全新的东西。正如“微动作电影”《想象中的十月》和《天使的对话》，超越了他在1970年代8毫米作品中所达到的水平，《英格兰末日》对超快影像剪辑的应用也意味着它超越了之前任何一部电影所达到的水平。它还重现了早期的技术，比如直接在阳光下或强烈的人造光下拍摄，以促使画面变黑，德里克在70年代初就曾做过这样的事，而当蒂尔达·斯文顿在影片后面部分出现时，也使用了“微动作电影”的手法。因此，这相当于对德里克所独有的电影制作形式的纪念碑。

德里克在电影中使用了他祖父普托克拍摄的家庭录像

1 贾曼：《以卵击石》，第215页。

片段和他父亲拍摄的片段，这一段呈现了德里克本人在一两岁时，在不同的花园里快乐地跑来跑去，这让影片暗淡的主题有了些许缓解。这几个温柔的抒情时刻给了观众一些他们渴望的东西——某种一部在其他方面毫不妥协的电影带来的愉悦感。儿时的花园与当代的荒地形成了鲜明对比，在这里，看不到任何花园。德里克对当代生活如此糟糕的感觉，以及他对把我们的生活搞得一团糟的人的谴责（所有这些都在《英格兰末日》中展现得淋漓尽致），都是基于他对美好生活的感受，而这些家庭电影在影片中正代表了他对美好生活的感受。我们可以说，这些电影代表了父母对孩子的承诺——永远在承诺，却永不兑现——生活永远会像童年那些最美好的，最安全、最快乐的时光一样。但在另一个层面上，德里克说，家庭录像“把（影片）凝聚在一起”，这样，即使是死胡同，也可以是通往主题的道路，因为他可以切回一些家庭录像的镜头。[1] 若用修辞学的术语来重新表述这句话，可以从另一个角度说明他的工作方法：影片中这段镜头的存在及其与整部作品的关系，代表了一种**审美范式**——也就是说，对过去事实的回顾，带来了更深入的观察。（因此，家庭录像的片段是一种真实的记忆，而且它引出了德里克在自己的超 8 作品中提供的进一步思考和感受，这构成了影片的其余部分。）换言之，

---

1 贾曼：西蒙·弗雷德的采访。

影片的主题将在叙事之外进行探索：它们以其他方式探索，就像有时在家庭电影中的沉思一样，提供了一次重启的机会。德里克找到了一种方法来创造艺术，即将他自己的生活和他对主题的想象力的把握结合在一起。在电影的开头，伴随着第一个诗意的画外音，我们看到他的身影出现在凌晨的凤凰楼公寓，就是对这种方法的运用。德里克在《以卵击石》中明确表示《英格兰末日》这个镜头就是一个明确的例子。"电影像其他任何艺术形式一样利用并发展作者的直接经验，电影需要全身心投入，且经验是严肃作品的基础。"[1] 这部电影在柏林电影节获得了两个奖项，也在马德里电影节斩获了另一个奖项。《英格兰末日》在爱丁堡电影节和日本广受好评，德里克也参加了那里的首映式，在伦敦和纽约（意料之中）的观众则少了很多。

1　贾曼：《以卵击石》，第167页。

# 7 1986年及之后

劳伦斯·戈恩曾指出，在德里克的电影中，卡拉瓦乔戴着“温德姆·刘易斯式的帽子”。在1986年的一次采访中，德里克说：“我被左派和右派纠缠，和温德姆·刘易斯一样。我做任何事情都是错的。”他还说：“拍《卡拉瓦乔》让我在感情上和精神上都很疲惫……在这个阶段，我认为自己作为一个电影制作人基本上已经失败了。”[1] 直到1987年初，他完全有理由感到疲惫不堪。在个人和情感方面，1986年都是艰难的一年。

1985年12月，德里克发现自己受到右翼基督教徒玛丽·怀特豪斯（Mary Whitehouse）通过她的电影电视观众协会发起的攻击，同时还有保守派的冷箭，争议一直蔓延到了次年。第四频道原本在两年前就买下了德里克70年代的3部剧情片的版权，到了这一年才姗姗来迟地开播。自从《庆典》首轮上映后，保守党政府的政策在英国引发了广泛的骚动。在第四频道上映前几周，一名年轻的警察在

1 1987年采访，转引自托尼·皮克：《德里克·贾曼》，第360页。

一个名为布罗德沃特农场的住宅区的暴乱中被暴徒残忍杀害。因此，《庆典》是有预言性的，但惶恐的右翼似乎将其视为煽动。议会议案审查“下流录像带”——暴力的色情制品——试图将德里克的电影收入囊中，并试图将其范围扩大到电视审查，表面上看是为了防止像《庆典》和《塞巴斯蒂安》这样的影片上映。实际上《塞巴斯蒂安》的加入表明，激怒右翼的不是影片中的暴力，而是其中的同性恋情节。有人说怀特豪斯“对同性恋者的恐惧深入骨髓”[1]。她在信中说：“同性恋可能是一种‘看起来很正常’的‘新的、可怕的威胁’。”[2] 她写信要求公共检察官提起诉讼，要求审查独立广播管理局为何允许第四频道播放德里克的电影。[3] 她在信中（1985 年 12 月 2 日）说：“这绝对是今天英国电视状况的悲哀。”[4] 酸腐的批评家巴格利奥内（Baglione）评论《卡拉瓦乔》时也以“这是今天英国绘画界的悲哀”来写他对画家作品的恶评。有趣的是，即使在 1976 年 10 月《塞巴斯蒂安》首次上映时，《卫报》（*Guardian*）和《观察家报》的影评人已经在评论中提到

1 杰弗里·罗伯逊（Geoffrey Robertson）：“玛丽·怀特豪斯的故事”（The Mary Whitehouse Story），《泰晤士报》，2008 年 5 月 24 日。

2 玛丽·怀特豪斯，引自西蒙·瓦特尼（Simon Watney）：《守卫欲望：色情、艾滋病和媒体》（*Policing Desire: Pornography, AIDS and the Media*），第二版，明尼阿波利斯，1989，第 121 页。

3 关于这点和这一章中的其他相关信息参见托尼·皮克：《德里克·贾曼》，第 357 页。

4 英国电影学院，贾曼Ⅱ，《卡拉瓦乔》，盒 7，保存这封信的副本。

怀特豪斯夫人的名字（大概是轻描淡写的）。[1] 然而，这两部电影的上映，与 80 年代中期掀起的歇斯底里完全不同。

德里克指责第四频道没有提前播放他的电影，而右派则指责它根本不该播放这些影片。夹在中间的是第四频道的首席执行官杰里米·艾萨克斯（Jeremy Isaacs）。当“电影导演”迈克尔·温纳（Michael Winner）指责德里克在制作“色情片”时，艾萨克斯回答说，他认为德里克是“天才”。[2] 4 月，德里克发现自己被电视上的“名人”迈克尔·帕金森（Michael Parkinson）无端地攻击（第二天，德里克尽量温和地形容他为“一位不合群的老人”[3]）。对作品的负面批评和人身攻击之间缺乏界限，这令人不安，但那也许又是不可避免的，因为攻击者中似乎很少有人看过电影。1987 年，怀特豪斯夫人被女王授予大英帝国司令勋章，据说撒切尔夫人本人很欣赏她。

在这一问题上的争论，上升到关于同性恋生活的权利表达及其在法律上的地位的争论。德里克在现场的公开辩论中尽力为自己辩护，但过程很坎坷。在 1988 年 1 月的一次讨论中，他的名字被一位听众（可能是怀特豪斯的组织

1 回顾参见《卫报》，1976 年 10 月 28 日；《观察家报》，1976 年 20 月 31 日。
2 贾曼所述的事件，参见《以卵击石》，第 90 页。
3 英国电影学院放映《卡拉瓦乔》（1986）后，由德里克·马尔科姆（Derek Malcolm）主持的贾曼与观众交流会的录音，收录在 Zeitgeist Video 发行的 DVD《Glitterbox》（《卡拉瓦乔》部分），2008 中。

成员之一[1]）用作“污秽”一词的定义。一次他试图与议员杰拉尔德·霍华德（Gerald Howarth）讨论，在德里克喊出“垃圾！彻底的垃圾！”之后，讨论演变成一场争论，还引出了霍华德不加掩饰的同性恋恐惧症（“你让我恶心”[2]）。这次遭遇一时让德里克震惊和失语。

1986年秋天，德里克的父亲兰斯因多次中风而去世。在他的床边，德里克知道父亲虽然不能说话，但可能听得到，他觉得自己应该和他说话，但却无法开口。他和父亲之间一直没有形成一种沟通感情的方式，他觉得在兰斯的临终前，“来不及发明出一个”[3]。几年后，回想他的父母，德里克表现出非凡的坦诚：

> 我该如何回忆他们呢？当他们走了，埋葬了，无法再窥探我时，我的心情是解脱吗？虽然他们早已死去，但仍旧在我的私密空间里留下回音？我可以满怀同情地写下他们，忘了告诉你，在他们只剩最后一口气的时候，我的心在摇晃。[4]

兰斯·贾曼给德里克留下了足够的钱来支付凤凰楼的房租，也足够在1987年5月收购邓杰内斯的展望小舍，这

---

1 抄本参见英国电影学院，贾曼Ⅱ，笔记20。
2 英国电影学院抄本；托尼·皮克：《德里克·贾曼》，第420—421页。
3 贾曼：《现代自然》，第265页。
4 同上，第263页。

是他的避难所。核电站离小屋有一英里半的距离（但因为体积巨大，所以看起来更近）。这些年来，德里克对核电站这一存在的态度发生了变化。在《英格兰末日》的笔记本上有一张明信片，上面有德里克的金色笔迹（因此是电影中一个镜头的注释）。"'邓杰奥内斯 B'[1] 阴郁的黑色。"[2] 这个名字的拼写错误反映了他以及当时同时代许多人对英国核工业的不满和不信任。[3] 后来，搬到邓杰内斯后，在没有改变他对这个行业那些诡计的想法的情况下，德里克开始欣赏建筑上巨大而整齐的灯光，它们在夜晚闪闪发亮，就像一艘巨大的邮轮。[4] 他会想到反应堆也许有它爆炸的时刻，就在这花园之外，轰隆，刺耳，具有闪电般的冲击力，但在概念上和视觉上，核电站的确被容纳到花园景致之中。[5]

德里克本人进行了 HIV 检测，在 1986 年圣诞节的前 4 天得到了结果。是个坏消息。也许就在 1980 年代，总之在相当短的时间内，死亡就在前方等着他。诊断结果预示着他的生命所剩无几。他不得不假设也许就只有几年的时间，但确切有多久，在什么情况下，是无法预测的问题。

几乎就在这个时候，德里克的生命中出现了一个人，

---

1 他故意写作 Dungeoness，实际应该是 Dungeness。（译者注）
2 英国电影学院，贾曼Ⅱ，盒 12，条目 12。
3 贾曼：《现代自然》，第 240 页。
4 贾曼：《德里克·贾曼的花园》（*Derek Jarman's Garden*），伦敦，1995，第 67 页。
5 贾曼：《现代自然》，第 228，239—240 页。

几乎在生命的最后时刻，他写下了这辈子从来没写过，也是最后一次写下的词“真爱”来形容“他”，凯斯·柯林斯。[1] 当德里克发现自己染上了病毒，又需要将这一结果与新恋人相适应，这也许是德里克在1987年春天感到“筋疲力尽”的主要原因。德里克发现柯林斯（一个22岁的年轻人）如此忠诚，友爱和温柔，并且还带有鲜活的幽默感。[2] 柯林斯也渴望被同志社会接受。他们两人找到了共同生活的方式，设法从病魔手中抢回更多时间。

德里克对爱情、友情和性的态度是什么？柯林斯的出现又是如何影响到它们的？1983年1月10日，他在一本笔记本上写道：“我已经把性和友谊分开了。友情是不朽的，你们可以平等自由地生活。性爱唾手可得所以是无足轻重的，你可以在其他地方找到。越是这样去做就越容易，生活也就越平衡。”[3] 到1988年1月，在与蒂尔达·斯文顿深谈了2个小时他的感情纠葛后，他试图证实这个观点：“爱对我来说是愚蠢的……我宁愿选择友谊，至于性，最好是匿名的。”[4] 然而，事情并没有那么简单。在1987到1988年的那个冬天，他写了一篇非常坦诚的日记，讲述了他与柯林斯的关系以及艾滋病对他自己的影响（包括阳痿及与柯林斯的感情疏远）。他继续说：“我以奇怪的方式爱上了

---

1 贾曼：《慢慢微笑》，第387页。
2 在贾曼的作品中，可以特别强烈地看到柯林斯的影子，尤其是《慢慢微笑》。
3 英国电影学院，贾曼Ⅱ，盒12，条目17，《跳舞礁》日记，第61页。
4 英国电影学院，贾曼Ⅱ，条目22。

凯斯和蒂尔达，尽管爱也许不是一个恰如其分的词。”[1] 剩下的一段都是关于柯林斯的。从柯林斯来的时候起，“爱”这个词就越来越频繁地出现在德里克的写作中，在《后果自负》的结尾处尤其被强调。

不过，德里克也在 1986 年到 1987 年之间完成了大量的工作：完成《英格兰末日》和《华丽的咏叹》中他拍摄的那一部分“在那一天”；为史密斯乐队制作了音乐电影（共 4 首歌曲），为伊斯特豪斯乐队（2 首）和马特·弗勒顿（Matt Fretton）、强大柠檬水乐队（The Mighty Lemon Drops）、鲍勃·格尔多夫（Bob Geldof）（2 首）和宠物店男孩（2 首）制作了音乐电影。他帮助编写了关于《卡拉瓦乔》的书，包括它的制作手记，还写了《以卵击石》。1986 年在泰特画廊获得透纳奖提名时，他还画了 9 幅名为《卡拉瓦乔系列》（*The Caravaggio Suite*）的画作，1987 年在理查德·萨尔蒙（Richard Salmon）举办的展览上，他又画了许多作品。所以说，他觉得疲惫不堪完全在情理之中。

从 1982 年底的爱德华·托塔画廊展览到 1987 年底的 5 年时间里，对德里克来说是创造力爆发的 5 年。在这 5 年里，他拍摄了两部商业剧情片和两部超 8 电影（包含一部剧情长片）；完成了他的《GBH》系列、《黑暗》（dark）和《碎玻璃》（broken-glass）系列画作；还有许多重要的音乐

---

1　英国电影学院，贾曼Ⅱ，笔记 20，开篇题目：星期一。

MV，以及他的第一部散文回忆录，他在《跳舞礁》和《以卵击石》中证明了他能很好地运用这种形式。尽管经历了疾病和公众的诋毁，但他的艺术（以各种形式）仍然充满活力和革命的能量。

《以卵击石》是一部持续的论战作品：反对电影业，也反对社会和政治上的无序行为向下层社会和政治渗透。然而，这本书远非咆哮体：它包含了幻想（幻想用行刑队射杀一个默默无闻的叫大卫·普特南的人，以及在格兰瑟姆的狩猎舞会上遇见撒切尔夫人，幻想成为园艺部长）、诗歌、成长经历以及以赫拉克利特一句不为人知的妙语作结："与激情作斗争是很难的，因为无论它想要什么，都是以牺牲灵魂为代价。"这本书集中介绍了德里克的超 8 电影，并对《想象中的十月》《天使的对话》和《英格兰末日》作了讨论。这本书构成了他对可能性和电影实践的论点。本书提出并论证了一种以 8 毫米为基础的美学，并陈述了这种美学的社会历史意义，延续了他"以合作来驱动创作"的观念，访谈或对话的形式占据了很大篇幅：

> 你说的是你为什么不怀念滥交。
>
> 我没有，你说的是我为什么不该怀念滥交。[1]

---

1 贾曼：《以卵击石》，第 225 页。

德里克用一种灵活的形式，将来自剪辑室里的笔记，对父母的回忆和上述元素结合在一起，传达出 1987 年困境中生活经验的即时性；关于个体创作型艺术家如何从他的时代中产出并不断与之互动。要谈论这本书的形式，似乎只有从其内部逻辑的要求和主题的递进中才会浮现。它不符合自传、日记或回忆录的传统模式，因此，它是全新的，鲜活的，就像与之相匹配的电影《英格兰末日》一样。

书中还影射了德里克正在创作的画，比如在日记中有被打碎的玻璃。这些都是相对较小的作品，其中许多作品还融入了其他的素材。比如，有的物体上附着着厚厚的黑色颜料。在大多数情况下，文字是用德里克的笔迹蚀刻和刮擦在玻璃上，字迹依然可辨。有一件作品是由黑色颜料、固定在右上角的海星和按以下这个形态排布的文字（近似）组成：

sad<br>
Nig　　　ht　　　sea<br>
Deep<br>
sorrow<br>
Sea sorrow　　　drift<br>
deep<br>
sea<br>
Nigh

最终效果类似于一首具象诗，文字的空间布局给人一种直接的视觉冲击力，从而构成了诗歌可能的意义。在德里克的玻璃系列作品中，玻璃被压进颜料中，把颜料自然的波纹压平，形成一个均匀的亚光区域，因此作品包含三个区域：波纹状的黑色颜料，文字分布在玻璃/平涂的区域，其他可以被任何物体所填充的区域。加上文字之后，玻璃平铺的区域感觉像一个沉思或冥想的空间，在整幅画中（甚至是在一处风景）中蔓延。另一件这样的作品利用了一个小瓶子，瓶中放了一个微型的十字架，周围的火柴像蜡烛一样围绕着它。这个瓶子被卡在一边，就像被推翻了一样。颜料里混有子弹和蛏子壳，文字用以下图案呈现：

On the waters

S DEAD

SINKI

MAYDA

SEA FUCK

HI AFB DEAD

DRO SOS

WNING MES

AGE

NG RE

BURN

SOS NO HOPE

MESSAGE SOS

SOS INKING

DEAD F K SO

在这种情况下，观众很难找到或弄清所有字母的含义。零碎的文字感觉就像无线电波的“静电干扰”。再加上其一贯的立体视觉元素，这似乎是一首关于感染了病毒的诗。德里克以前从未以被冠以具象诗人的身份，但他是当时世界上最杰出的打字机诗人多姆·西尔维斯特·霍达德（Dom Sylvester Houédard）[1] 的朋友，他对具体化的渴求，在写给德里克的关于《塞巴斯蒂安》和《卡拉瓦乔》的信中可以明显地看出来，其中的部分内容被打字机打成了具象的诗。德里克拥有霍达德的三首具象诗，包括《舰桥》（Ciel）和《新闻》（News）。在德里克为《庆典》所写的手稿中，约翰·迪伊的一篇演讲稿一度突破了“具象”的布局。[2] 这一系列作品中有一件上面粘着排箫，排箫上方有一块玻璃，上面刻着“恐慌”字样。与该系列中的大多数玻璃不同，这块玻璃没有破碎。其宁静简约和古典主义的风格，很像另一位著名的具象诗人伊恩·汉密尔顿·芬利（Ian Hamilton Finlay）的作品。[3] 我之所以讨论具象诗，实际上是为了证明文字是作品中不可或缺的一部分，但如果没有可清晰辨认的元素，就不能指望作品能够完整地表达出其连贯的意义。在经过几十年的无字画创作之后，德里

1 多姆·西尔维斯特·霍达德（1924—1992），具象诗的主要代表诗人，他用打字机打字组成视觉诗，并称其为“typestracts”（结合了“typewriter”和“abstract”）。（译者注）

2 英国电影学院，贾曼Ⅱ，盒4，条目5。

3 贾曼在《现代自然》中提到芬利，第25页。

克转向强调文字，从这一点上看，文字出现在他的大部分画作中（除了《邓杰内斯的风景》系列之外）。在他的绘画实践中，这种文字转向是有充分理由的，不能简单地将其解释为艺术家天真地试图明确传达出他认为作品中无法充分传达的非言语部分的意义。

从 1981 年至 1983 年，艾滋病一直被当成谣言，到 1986 年成为一种公认的疾病，这在两方面动摇了同性恋文化的根基。首先，年轻男性的死亡率飙升。艾滋病病毒感染者似乎都不可避免地迎接死亡，而且速度惊人。德里克很快就开始为他死去的朋友们报数。每个人都开始接受安全的性行为，而是否要做艾滋病毒检测的问题也在讨论中。人们认为除了在结果已知的情况下必须面对的恐惧之外，染病初期最好不要知道（或被人知道），因为有被解雇或被排斥的风险。这也引起了第二个主要的担忧，即在沃尔芬登报告（Wolfenden Report）和 1967 年议会法案之后获得的性自由的保障可能再次受到威胁。[1] 右翼媒体、政府对这种疾病的惯性思维和公众中的恐同提出了合法歧视（同性恋者）的可能性，有些人甚至幻想兴建“（艾滋病患者）集中营”。[2]

议会在《地方政府法案》（Local Government Act）中加入了一项条款——随着该法的多次修订，导致条款的序号

1 当然，正如西蒙·瓦特尼在《守卫欲望》一书中阐述的那样，沃尔芬登报告之后的自由也是有限度的。

2 贾曼：《以卵击石》，第 82 页。

也各不相同，但一般被称为“第 28 条”。该条款规定，在教育或地方政府层面“宣传同性恋”，以及“将同性恋性行为作为一种假定的家庭关系来接受”的行为都是非法的。对德里克和其他人来说，这就面临一个问题：这到底是什么意思？这是否可以解释为任何暗示同性恋是正常或可接受的说法都不再有效？新条款是否会被用于惩罚性歧视？人口中高达 15％的同性恋倾向者怎么办？如果他们在成长过程中一再被告知只有异性恋才是可以接受的，那会怎样？接下来几代人是否会再次带着德里克说的“你是世界上最邪恶的人并且你是唯一这样的人”[1] 的自我怀疑长大？仿佛同性恋者与这种疾病作斗争还不够（HIV 病毒完全也可能侵入异性恋者，但在当时艾滋病被污名化为同性恋瘟疫），社会（至少是通过媒体和政府的一些人代言的那样）对同性恋感到恐慌且态度强硬。仇视同性恋者利用公众对同性恋者的恐惧来达到他们的敌对目的。德里克感到在右翼分子的“残风余俗”之下“一种变态的本性将会在我们（同性恋者）身上释放出来”。他还认为，“错过了 60 年代那种纯粹的快乐的一代人正忙着拆毁一切，像在报复一样”，拆毁的目标还包括 60 年代争取到的福利国家和机会的增加。[2] 就是这种社会状态——尽管其间形式略有变化——构成了德里克余生的背景。

---

1 贾曼：安东尼·克莱尔访谈，参见《在精神科医生的椅子上》，第 167 页。
2 英国电影学院，贾曼Ⅱ，笔记 20。

他愿意通过直言不讳的方式参与到这场争斗中。他在1987年将自己确诊的消息公之于众，当时人们（感染者）大多谨慎地选择保持沉默。此后他经常就寻求解决整个问题的最佳方案而投入辩论。他1988年3月在《艺术月刊》（*Art Monthly*）上发表了一篇文章，其中包含他对这一问题的部分反击："每一个感染病毒的男人和女人都在逃亡。在我看来，哪怕艺术与其他形式的教育一起被禁止，总比剥夺孩子们的常识更好。至少这样我们会知道真正的问题出在哪儿。"[1] 反对第28条的运动失败了，部分原因是，在一次关键的投票中，上议院里挤满了"后裔议员"（backwoodsmen）（世袭议员，他们很少出席议会），以确保该法案通过。然而，另一项立法，即《刑事司法法案》（Criminal Justice Bill）的第25条，也需要立即开展反对运动——它的出现是为了确保该法案的通过。[2] 德里克从1990年起与更激进的声音站在一起对抗这个问题，他与"狂怒！"（OutRage!）组织紧密联系，而不是与同化主义组织"石墙"（Stonewall）结盟，后者想采取更和平、更少对抗的方式，在这个问题上，他与其他人闹翻了，特别是伊恩·麦凯伦（Ian McKellen）。德里克愿意做一个积极的运动者来赢得尊重，包括同性恋者和异性恋者，而其他人，

---

1 贾曼："一个蛇形的英镑"（A Serpent in the form of a £），《艺术月刊》，第114页，1988年3月。

2 托尼·皮克《德里克·贾曼》包含关于这些法案及其意义的很好的介绍，参见第464—466页，第418—421页。

如大卫·霍克尼，则选择了对整个问题保持沉默。争论总是让他很痛苦——他不喜欢被人当众中伤和谩骂——但与同样坚定的人团结起来，也是一种安慰。《艺术月刊》的文章陈述了德里克的打算："电影因一种所谓的想象中的共识被'审查'了……现在我们的工作是扩大（共识），让它包含生活的全部，而不是仅仅一部分。"

德里克的下一部作品是将作曲家本杰明·布里顿（Benjamin Britten）的《战争安魂曲》（*War Requiem*）拍成电影。1963年，布里顿将威尔弗雷德·欧文（Wilfred Owen）的诗歌《伟大的战争》（*Great War*）改编成了音乐，首次演出是在重建后的考文垂大教堂内，德里克在1988年即一战结束70周年之际，开始这部电影的拍摄。德里克后来说，他不知道自己为什么要拍这部电影（他只得到了10英镑的报酬）。[1] 这不是他写的剧本。这更像是一个委托，而且条件是必须保证对布里顿的作品不作任何修改，布里顿的作品必须是完整的、连续的呈现。于是德里克只是将已有的图像、文字和音乐结合在一起。那他为什么要答应参与这个作品呢？首先因为他喜欢这首曲子，这是他在剪辑《英格兰末日》漫长而繁杂的过程中听过的。其次这里也有对这位早期的同性恋艺术家布里顿的尊重。还有利润分成的协议。除了对原素材本身的尊重之外，他

1 托尼·皮克：《德里克·贾曼》，第418页。

可能希望自己被上流文化（这在他的作品中是一种反复出现的冲动）认同，特别是在被公开辱骂和听到曼彻斯特警察局长［詹姆斯·安德顿（James Anderton）］说同性恋者就是“粪坑”的言论后，他更希望被认同。[1] 这部影片反映了德里克的愤怒和抗议，这一点在书中的其他部分也有强烈的体现。

在创作《战争安魂曲》时，德里克发现自己不得不为《英格兰末日》辩护，以防被诺曼·斯通（Norman Stone）在《星期日泰晤士报》上荒唐地攻击。斯通正以撒切尔派评论家的身份名声大噪。他承认自己不理解《英格兰末日》，但还是谴责了它。他的论点从斥责德里克对国家状况的悲观看法到德里克的美学新尝试（他说老牌的英国电影是好的，因为它们有开头、中间和结尾，这就是电影“该有的”）。事实证明，这位无所事事的斯通正好成为德里克“练拳的沙袋”，德里克在一周后的同一份报纸上作了回应。

> 斯通的攻击是自相矛盾的，因为他作为宣称市场经济的政府的支持者，却似乎无法容纳思想自由……我的证据是有传统和历史的……渗透在《英格兰末日》中的腐朽我们所有人都能看到，它存在于我们所有的日常生活中，存在于我们的机构和新闻报纸中。好莱坞市场中的英国电影，不过是在

1 贾曼：《以卵击石》，第 62 页。

一个不稳定的世界里，给人以稳定的假象。[1]

在早些年的笔记里，德里克就在思考好莱坞工业电影的问题。《学会做梦》（*Learning to Dream*）这本书以所谓的“英国电影的文艺复兴”或“英国电影年”的名号宣扬“新英国电影”，不过是一种通货膨胀式的推销手段。根据作者的说法，这样的电影在没有德里克参与的情况下就已经发生了。在德里克的抗议演讲笔记中，他对“梦想”这个词的使用进行了反思，其中有这样一首诗：“梦是我们的/它是买不到的……它是创作的母体/创作不是艺术家的‘特权’/而是所有思想者的。”[2] 这是另一个与德里克的毕生主题如此接近的例子。

在这两次的反击中，德里克都能跳出他所抨击的人所设定的思维圈套。至少形成他最初思维方式的其中一个资源是他对神秘主义魔法的兴趣。在《声音》（*Sounds*）杂志的一次采访中，他专门强调了这一影响，具体说明了它的特殊价值，他说约翰·迪伊和荣格（Jung）是比阿莱斯特·克劳利（Aleister Crowley）（这位自称“魔兽”的魔法师）更重要。“我发现自己一直在无意识地做一些事情，看起来有点漫无目的，其实是有核心的……它让你与大多数

1 斯通的文章发表于《星期日泰晤士报》，1988年1月10日；贾曼的回应于1988年1月17日在该报发表。
2 英国电影学院，贾曼Ⅱ，条目4。

人看待事物的方式拉开了距离——它给了你一个门外汉的视角。”他给读者的建议是：“尽可能地享受自我，因为你的生命只有一次。”[1] 这种对神秘主义兴趣的价值描述，从广义上说其实是心理学层面上的。

1988 年，德里克抛却海滩上全是鹅卵石和缺少土壤的困扰，开始在展望小舍认真地建起了自己的花园，种植了 19 个品种的玫瑰花。这个花园有一种隐喻的价值，这与它的环境有关，尤其是不远处的核电站。对于漫无目的的游客来说，邓杰内斯似乎有些奇异，没有树木、篱笆、围墙和草坪，显得很不英式。考虑到核电站在附近，游客可能会以为也许这里所有英式花园的传统特征连同土壤本身都被核事故毁了。换句话说，在那一瞬间，它看起来就像现代世俗版的亚瑟王神话中的废土。特别是在 20 世纪 80 年代末，在美国的三英里岛，苏联的切尔诺贝利，英国的温斯凯尔［即现在的塞拉菲尔德（Sellafield）］问题成为公开的秘密之后，核事故或核灾难变得不可避免，已算不上难以想象之物。对于期待着“观赏”核工业带来危险的游客来说，这里风景一片枯槁。几乎看不到土壤，对许多人来说无疑是巨大的威胁，德里克的园艺行为似乎是与不利的环境进行的一场生命上的抗争，并最终取得了胜利。

这种抗争具体表现在不同的层面。首先是花园形式的

1 贾曼：《声音》采访，1984 年 2 月 11 日。

层面，花园由许多小规模构件的组成，将人造和自然元素以迷人的方式结合在一起。它们都是些大多数人看不出美感的物件，或者说它们的价值已被耗尽，却被德里克重新发现，与植物并置，构成了花园的特征。它们带来了一种拼贴艺术（**原生艺术**或**贫穷艺术**）的意味，比如说，一个“局外人”制作的花园[1]，包括旧柱子上的铁皮鞋，或是一把锈迹斑斑的旧锄头，因为它们的三角形形状，淋漓尽致的红褐色，以及它们所昭示的年代感，这些物件和许多植物一样都是来自当地。三角形直立的顶部有助于将花园与远处的电力铁塔融为一体。带洞的鹅卵石或螃蟹的骨头钉在漂流木上，这为奈斯一览无余的水平空间中提供了更多花园所必需的直立物，但又因其是人造物，其形式令人难忘。还有弹簧，围绕着柱子排列成圆形的铁链，球状的金属浮标和浮筒，破旧的油罐，10 英寸的铁钉，软木浮筒，车轮架，旧叉子的尖头，铸铁勺子，螺旋钻和其他难以辨认的金属物件，构成了它们的重量、颜色和形状的密度。有一段时间，连德里克从在斯莱德上学时用过的石膏脚都被带到了花园里。[2] 德里克偏爱木头和金属制品，他把这些用于渔业和战时防卫的遗留物收集到花园里，集合了周

---

1 我使用这个词的目的是想表达一些学者所讨论的“门外汉艺术”的意思：未经训练的艺术家所做的艺术。贾曼不是一个门外汉，但是他园艺方面的成就有点类似门外汉园艺家。

2 “我有摩索拉斯的头和一个石膏脚。”贾曼语，参见《德里克·贾曼的〈卡拉瓦乔〉：电影全剧本及其评论》，第 28 页。

围的文化信息，使花园与周围的环境融为一体。德里克倾向于不去使用海滩上相对较多的塑料制品，它们带来的是另一种文化信息，但他的邻居布莱恩·耶尔（Brian Yale）却用这些塑料制品直接模仿德里克建了一个塑料花园。霍华德·苏利（Howard Sooley）拍摄的照片很好地展示了德里克在展望小舍这一些系列改造活动带来的色彩和形式的并置。[1]

德里克通过加入这些物件的局部特征完成了形式上的补充，同时也保证其独立性，更重要的是维持植物的生命。霍华德·苏利在 1991 年之后也成为这座花园真诚的“园丁”。[2] 在这里，正如第一章中所看到的，德里克必须随机应变，因地制宜，他的植物也是如此。一些当地的植物在这个花园里备受宠爱，尤其是**海甘蓝**（和它的亲属观赏植物**海芥蓝**）。德里克在他的著作中描述了这些植物在一年中经历的不同生长阶段，如苏利的照片所示，紫色的春芽，蓝绿色的簇叶，细长的茎上云一样的花朵伸向天空，把叶子和苍白色的种子远远甩在背后。植物生命周期的每个阶段都为花园的色彩、形式和空间的深度作出贡献。当时海甘蓝通常不被认为是园艺植物，所以这是德里克的创造性发现。他还注意到，真正的寄生虫——菟丝子——就来自奈斯，他在这里种植了绵香菊、茴香、熏衣草、迷迭香、

1 这些照片多数是为《德里克·贾曼的花园》一书所拍。
2 凯斯·柯林斯：《德里克·贾曼的花园》前言。

鸢尾、景天、红色长春藤、芸香、壁花，在后门附近还种了一棵无花果树。角落里金黄色的罂粟和蓝色的牛舌草从奈斯河畔进入花园，还有忍冬和金雀花，都开出了鲜艳的黄色花朵。

这栋房子被漆成黑色，配上深黄色的饰边，矗立在花园的中间。它与花园融为一体，不仅因为它的窗户所提供的景色，还因为一个非凡之处：房子南面黑漆外墙上用黑色字体刻着17世纪诗人约翰·多恩（John Donne）的诗歌《太阳升起》（The Sunne Rising）。这些字体优雅的木质字母固定在墙上，其阴影立体地投射在黑墙上，让人可以读到这首诗：

忙碌的老傻瓜，蛮横的太阳，
你为什么又来叫我们——
透过窗子，透过帘子，一路来叫我们？
难道爱人的季节也得和你运转得一样？
鲁莽又迂腐的家伙，你去训诫
满腹牢骚的徒工，上学迟到的学童，
去告诉宫廷的猎人，帝王就要出猎，
去唤来乡下的蚂蚁，秋收不能误工；
可爱情都是一样，季节或天气，不会分辨，
或钟点、日子、月份——这些是时间的破布片。
你，太阳，只有我们一半的欢乐

因为在这样订立契约的世界中
你的年纪需要安逸，而你的职责——
温暖世界——在温暖我们中尽了本分。
来吧，来这里照着我们——到处就都是你的身影，
这张床是你的中心，这些墙：你的苍穹。[1]

该诗就是邓杰内斯的房子的完美写照，德里克认为这里是英国阳光最充足的地方。诗中还描写了太阳光在屋内探进头来，打搅了在这里幽会的恋人：因此，诗歌在概念上将展望小舍与它的环境融为一体。小屋内部的其他特征也加强了屋内和屋外的融合：房间的门上有小窗，德里克在小窗上嵌了玻璃；卧室的门上刻有蕨类植物的图画；而工作间的门上有德里克的诗句"我走在这个花园里……"。

花园的打造关乎植物的特性，特别是在特殊条件下能生存的植物，一般的苗圃和园艺中心可能不会给出很好的答案。在《现代自然》中，德里克描述了他的园艺活动和所涉及的植物，以及他在1990年开始"改种生长在邓杰内斯的野生植物：卷心菜、缬草、雏菊"[2]。才到书的第3页，他已经提到了25种园林植物和15种奈斯当地的野生植物，它们是他花园的基础。《现代自然》是以日记的形式呈现的，这种文学形式使得所有的经验都被粗略和不加修饰地

1 引自裘小龙译本。（译者注）
2 贾曼：《现代自然》，第273页。

记录下来。《现代自然》除了是对园艺日记文学的贡献，能够引起广大园艺爱好者的兴趣之外，这本书也是一部非常优秀的新自然主义写作的作品——而“新自然主义”一词被《格兰塔》（*Granta*）普及已是 15 多年后的事了。德里克对奈斯的描述，关于它的奇特之处，它的植被，它的光线、色彩和气候，它的居民，既引人注目的又令人难忘，也为英国长期以来的地理志写作传统贡献了新的变体。

《现代自然》的主题之一就是记忆，这也印证了德里克在《以卵击石》中的论点：“过去的事就是现在的事。”[1] 书中有一张他父亲的让人惊叹的肖像画。尽管《现代自然》采用了自由的日记形式，但德里克还是按时间顺序写出了他的自传。书中也有大量对性行为的坦率描述，使花园日记和自然描写带有强烈的附加成分，试图传达同性生活的现实。他在一个章节中表达了对生活和作品的怀疑，这促使他对朋友的死亡和社会上缺乏同性恋者自传的现状进行了深入思考。他将对艾滋病的思考与他在坎福德学校的想法并列——将这些话题联系在一起的是一个共同关键词：苦难。[2] 尽管疾病的阴郁笼罩着全书，但它最重要的价值在于，作者的幽默感在深刻思考中也清晰地浮现。在同性恋俱乐部“天堂”的一个炎热夜晚变成了另一种地狱（第 83 页）；他描述了自己的外貌，“猩红的眼睛，蝙蝠似的耳

---

1　贾曼：《以卵击石》，第 175 页。
2　贾曼：《现代自然》，第 56 页。

朵，肤色像干瘪的海螺”（第 233 页）。他在 1990 年的大部分时间里都重病缠身，在书的后半部分有一段朴实而凄凉的叙述：“我不想死……还不想死。我想再看着我的花园度过几个夏天。”（第 310 页）

尽管伴随着发烧、消瘦、乏力、瘙痒、皮疹和肺结核以及需要长期住院治疗的极度痛苦，德里克在 1990 年仍然活着，在康复后的 1991 年到 1992 年间，他画出了一系列美丽的画作：《邓杰内斯的风景》系列。在这些作品中，他将厚厚的带状颜料用力涂在表面，从左下到右上用破螺丝刀的残根划过。这些作品 2001 年在福克斯通展出时，有些因颜料太厚还略显黏稠。[1] 这些画作的细节非常吸引眼球，色彩绚烂，令人心驰神往。邓杰内斯真的能有这么深的蓝，这么血红的颜色吗？这些画作是在经历了英国的两个“极端夏天（great summers）（1989 年到 1990 年）”[2] 后完成的，当时气温飙升，水源紧缺，树木枯萎，万物仿佛在阳光炙烤下燃烧。其中燃烧和闪耀的气氛可以理解为一种反馈。不管怎么说，这幅风景画中的色彩确实丰富，包括德里克的花园里鲜艳的红色灌木，还有常年呈深蓝的大海。德里克对色彩使用的夸张程度不亚于梵高（Van Gogh）对

1　德里克·贾曼晚期作品，2001 年 9 月 8 日到 2001 年 10 月 13 日，大都会画廊，福克斯通，肯特郡。关于画作状况的信息来自凯尔文·帕韦斯（Kelvin Pawsey）（悬挂画作的人），作者专访，2009 年 8 月 7 日。

2　“极端夏天”这个词出自奥利弗·拉克姆（Oliver Rackham）：《古老的林地：历史、植被及其在英格兰的用途》（*Ancient Woodland: Its History, Vegetation and Uses in England*），新版，达尔比蒂，2003 年，第 407 页。

法国南部的色彩运用，而他对这个地方的热爱也从这一系列的作品中强烈地体现出来。“我心在膨胀，”他在开始创作第一幅画作时写道，“在红色和金色中投射出自己，飘浮在天蓝中，淹没在湛蓝中，隐藏深绿色的忧伤中。”第二天，在皇家学院，他写道：“布拉克和弗拉芒克（Vlaminck）两位最喜欢把紫罗兰色和淡紫色运用到极致的野兽派画家。现在它们回到了我的展望小舍的画桌上。”[1]

这些画作可能仍然显得非常抽象，特别是与布莱恩·耶尔对单一标志物（灯塔或黄色飞机）的自然主义描绘，或画家德里克·赫奇科克（Derek Hedgecock）描绘邓杰内斯的渔船和野花的快乐而富有感染力的印象派画作相比。我们可以从这一系列作品中专门选一幅作为例子，将它与一张展望小舍花园附近的金雀花的照片（深绿色的金雀花，上面长着粉红色的菟丝子）相比较会发现，这幅画几乎没有什么抽象的成分。相反，我们可以把它当作一种忠实的现实反映：对邓杰内斯一小片风景的自然主义描绘，正如德里克所说，这个花园里有“绯红和蓝色……风中火光般的火红色”[2] 还有几幅画似乎展现了夜晚或傍晚时分，背景是灯火通明的发电站。

展望小舍的花园在一定程度上代表了邓杰内斯，我们可以通过创作者用多种媒介对花园的呈现来全方位的

1 两处皆引自贾曼：《慢慢微笑》，1991年7月8日—9日，第32页。
2 贾曼：《慢慢微笑》，1991年7月8日—9日，第34页。

认识它：包括一本书（后面还有两本遗作）、苏利拍的照片、一系列的绘画等。除此之外，还应该加上一部电影，《花园》。

在这部电影中，德里克将基督的故事想象成一对同性恋者的故事。换句话说，他用基督的神话来戏剧化地表现成对他的性爱形式的殉道。在拍《战争安魂曲》时，他的靶子之一就是基督教会。他在那部电影的文字版中写道："在我心里，我把《战争安魂曲》这部电影献给所有像我一样被赶出基督教会的人。献给我的朋友们，他们在一个没有同情心的教会所营造的道德氛围中死去。"[1] 他在下一部电影《花园》中直面基督教，把基督设定成同性恋者，目的之一就是要重拾基督对同性恋命运的道德同情心。《战争安魂曲》中那些令人难忘的镜头，特别是对皮耶罗·德拉·弗朗西斯卡的画作《基督的复活》（*Resurrection of Christ*）的成功运用，贴切地表达了这一过程的开始。在 80 年代，许多对德里克个人和同性恋群体的攻击都是由那些不宽容的基督教徒以基督和上帝的名义进行的。《花园》把基督的故事从他们手中夺回，并把它交给了同性恋群体。

基督的神话构成了影片的主要部分，但并不是全部；影片的大部分内容都在展现邓杰内斯的风景和花园，而这

1 贾曼：《战争安魂曲》，伦敦，1989，第 35 页。

也是影片的主题。在拍摄过程中遇到了各种各样的问题，它们都在电影中留下痕迹。德里克本想再拍一部超8电影，但制作方却要求他使用16毫米胶片，因为16毫米胶片比较累赘，且需要在胶片上做一些处理，他在《现代自然》中对此大发牢骚："到处都是显而易见的缺点……16毫米的镜头根本没有共鸣。"[1] 还有一些问题来自影片的理念。影片最后，有太多与基督相关的叙事，而风景镜头却不够多。因为大多是用超8镜头拍摄的风景，这些风景的镜头都很美，相比之下，基督的叙事似乎是即兴和随意的。作为观众，可以说我很乐意用这些穿着长袍的老人们折磨基督的场景来换取更多让人魂牵梦绕的邓杰内斯美景。

在影片后期制作的大部分时间里，德里克都在病中（和他所有的电影一样，《花园》的后期制作也是最重要的时期，经过这段时间，电影才算完成），以至于他的注意力不可避免地分散了。1989年12月他自己在《现代自然》中的暗示，他的电影制作风格（以视觉和理念上的即兴创作为特色）在这部电影中被发挥到了极致。[2] 演唱《粉红思想》（Think Pink）的女演员在德里克听到她唱歌之后就敲定了。但在拍摄的前夕，他还没有找到合适的演员饰演基督，于是就找来了柯林斯和约翰尼·米尔斯（Johnny Mills）来扮演基督。在拍摄过程中，他意识到自己没有给

1　贾曼：《现代自然》，第171页。
2　贾曼：《现代自然》，第198—204页，同样参见第140—141页。

演员们设计任何故事桥段和动作，于是搬来了一个浴缸，让他们进去洗澡。不得不说，匆匆忙忙地把这对没有经过专业训练的演员凑到一起，无法将影片中一对恩爱恋人的心理描写得栩栩如生。坦白说，如果给演员一些台词，让他们做一些事情，会更容易一些，但德里克发现自己在拍摄开始后不得不在这方面即兴发挥，这表明了他与16毫米胶片的静态需求的冲突，因此本片将他的电影制作方法推到了极致。除了《蓝》以一种完全不同的方式进行实验性的拍摄外，他其余的电影都用了更正统的方式。

不过，《花园》除了这些缺点之外，也有很多优点。风景的镜头尤为突出。柯林斯称德里克对蓝屏与超8镜头的天才运用上算得上“首创”。特别是影片将创造力集中在花园里，花园成为想象力的证明和对世界的把握。正是在这儿，我们看到德里克在他的电影笔记中影片接近尾声的部分写道：一本包含着你正在观看的电影的笔记本。影片中的花园在邓杰内斯，影片中的场景围绕着花园，远至格雷特斯通的听音墙；一切都被这个位于影片中心的空间所整合。萦绕在电影中的神话空间客西马尼（Gethsemane）[1] 和伊甸园变成影片中的花园，但现实中这个花园是德里克工作和构思影片的地方，他也通过工作的方式参与到影片中来，这样，构思影片的想象力就成了影片的一部分：这是

1 耶路撒冷橄榄山脚下的一个花园，据说耶稣常在此冥想和祷告，也是犹大出卖耶稣的地方。（译者注）

一种以花园为中心的创造力的沉思。花园是一个真实而实用的创作空间：影片试图通过德里克在阳光下劳作、种植、浇水、燃烧的镜头来提醒我们注意到它的多重感官性和体验性。

# 8 翻拍戏剧，以字作画，仍在病中

1990 年对德里克的健康来说是毁灭性的一年。他曾 4 次入院：3 月至 4 月因肝结核入院；5 月至 6 月因 PCP 型肺炎（艾滋病早期的一种肺炎）入院。7 到 8 月，弓形虫病侵袭了他的视力，9 月，他又因阑尾炎入院。最终他活了下来，但不得不服用有争议的药物齐多夫定，虽然剂量低于通常病人服用的具有损伤性的程度。也许是药物的结果，他的健康状况在两年中有所改善，尽管他还是没了 1990 年之前几年那种精神尚饱满的状态。从这个时候起，他的生活发生了变化，因为疾病，健康状况时好时坏，要么就在被控制住的同时伴随持续的焦虑，消耗着时间和精力。在写作、绘画和电影中，疾病越来越多地成为他的主题之一，或者说，最终成为他唯一的主题。

在《花园》之后，德里克的下一部电影是《爱德华二世》(1991)，剧本拍摄过程中可能发生的问题都摆在他眼前。德里克曾想过写一本关于电影和戏剧之间关系的书，但他放弃了这个想法。[1] 他在斯莱德学院就读戏剧设计的

1 托尼·皮克：《德里克·贾曼》，第 397 页。

专业训练使他对这一行当有了深刻的理解。他对如何通过一些设计策略凸显戏剧的象征意义了如指掌，且这种理解在他此后的14部戏剧作品中得到了加固和强化（包括歌剧和芭蕾舞剧）。1978至1979年，他曾为莎士比亚的戏剧《暴风雨》（1612）拍摄了一部电影（即前文提到的《暴风雨》）。现在，他又将目光投向了克里斯托弗·马洛（Christopher Marlowe）的戏剧《爱德华二世》（1592）。

在我们讨论这部电影之前，最好先了解一下戏剧改编电影的固有问题。实际操作中会被很多繁杂的问题所困，篇幅所限，在此不可能展开广泛讨论，但我可以提出三个支撑这个说法的论点。第一，戏剧现场表演的成功并不取决于现实主义或自然主义的成功。斯塔尔夫人（Madame de Staël）在1810年就明白了这一点：

> 尽管我们愿意相信，演员与我们隔着几排座位，他们是3000年前死去的希腊英雄，可以肯定的是，我们所谓的幻觉并不包括相信自己所看到的东西真的存在：悲剧只能通过其在我们心中引起的情感来显示出真实的一面。[1]

因此，尽管戏剧在与观众同时存在的时空中使用真实的人作为演员，在与观众的现实空间相联系的空间内表演，

1 斯塔尔夫人：《德意志论》（*Del'Allemagne*）巴黎，1810，第二卷，第14页。该句由作者翻译成英语。

但戏剧性的产生并非由于呈现模式内在的现实主义色彩。戏剧的成功取决于它所构筑的情感，戏剧的制作在本质上是以象征性的模式来运作的。对德里克第一部影响深远的著作，即彼得·布鲁克（Peter Brook）《空的空间》（*The Empty Space*）（1968）中可见这一点，它反复强调了这些观点，并讨论了戏剧的象征性模式及其与虚幻现实主义的关系。象征性如此内在于戏剧，以至于任何现实主义的元素都必须由舞台监督、布景设计师和监制小心翼翼地努力争取。

第二个论点是关于电影的命题。传统的剧情片与剧院中的戏剧相比，体现了一种对现实主义或自然主义的渴求。我们可能会认为这是因为电影是以摄影为基础的，但更大程度上，电影的现实主义是一种传统的表现方式，是整个技术团队努力争取的。它是完全传统的，且完全融入了正统的剧情片制作体系。每隔几年就会有一些新的发明（改进声音、数字特效）来增强影片的真实感。

第三个论点：剧情片对现实主义的渴求的结果是，当被要求拍摄一出戏剧时，往往可能破坏它。顾名思义，一出剧目只能通过它的象征性和情感性而存在。现实主义的电影模式被大量的资金资本化，压倒了戏剧的象征意义。戴维·黑尔（David Hare）的《谁为我伴》（*Plenty*）（1978）（1985年拍成电影）或阿兰·本奈特的《历史系男生》（2004）（2006年拍成电影）都是真正优秀的戏剧作品，却被拍成了平平无奇的寡淡电影，这并不是因为电影制作人天资匮乏（甚至后者的编剧、导演和演员是戏剧的原班人马），真正原因是在剧情片模式下的构思完全是传统的。作为一部话剧，《历史系男生》是出色的；作为一部电影却很平庸，仅仅因为它没有尽量在新的媒介中保留足够的戏剧性。影片中最精彩的部分是男孩们的表演：也就是说，当他们在没有其他道具、服装和布景的情况下，在教室里表演出来，就像电影《扬帆》（*Now Voyager*）和《相见恨晚》（*Brief Encounter*）的结尾一样，是纯粹戏剧性的高光时刻，我们看到了完全不同的人类困境被成功地戏剧化了。

德里克在拍摄他的第三部剧情片《暴风雨》时便意识到了自然主义电影有破坏戏剧象征性的危险，但当时除了正统的制片厂式的剧情片制作方式之外，他没有其他模式可供选择。“对于《暴风雨》，我们需要打开中国谜匣般的心灵之岛，这样，诗歌中的细腻描述，自然的声响和甜美的空气就不会被马丁尼湖破坏……我尽可能地远离不断诱惑我的现实主义。”[1] 在 1979 年的伦敦电影节上放映《暴风雨》的节目说明中，德里克用更通俗的语言表达了这一观点：“我一直觉得莎士比亚很难拍成好电影，舞台传统的人为性和电影场景的自然主义之间存在巨大的裂缝。”

---

1 英国电影学院，贾曼Ⅱ，条目 17，《跳舞礁》日记，卷 1，《拼图》（*The Jigsaw*）。参见贾曼：《跳舞礁》，第 186 页。

12年后，拍《爱德华二世》时问题又出现了：如何在不破坏剧本的情况下把戏剧拍成电影？虽然当时的制作条件已经发生了变化（第四频道开始资助电视电影，而资助《爱德华二世》的BBC也愿意将其资助范围扩大到足够拍出剧情片），但为电视和电影拍摄话剧的任务仍然没有什么模式可循。当然，就像前者一样，德里克并不把一个具体的剧目从剧院里拿出来拍成电影。相反，他把剧本改编成电影，同时试图通过保留一些戏剧的美学、价值和经验，使之仍不失为一部戏剧。

保留戏剧品质的方法之一是信任演员的表演，而不是电影制作人用一般剧情片那样的频繁跳转和精致剪辑将他们的表演剪辑成碎片的拼接。例如，爱德华（Edward）和加维斯顿（Gaveston）从流亡中归来时的欢快重逢，通过一定距离用中景拍摄，固定机位连续拍摄。在爱德华的等待时刻演奏弦乐四重奏，紧张的爱德华向他们示意换调，等加维斯顿出现，两人在欢笑中蹒跚着跳了一段无拘无束的欢快舞蹈。

另一种保留一些戏剧品质的方式涉及舞台表演与电影表演的转化。如何把舞台上的流放戏拍成电影桥段？一部传统的剧情片可能会让剧组去加莱，找一个合适的老式街角，租下半天时间，拍下加维斯顿在街角上惬意闲逛的场景；或者，可以由木匠和布景师精心打造一个逼真的布景。德里克另辟蹊径，把演员放在一块光秃秃的舞台岩石上，以纯黑的夜色为背景，把雨水淋在他身上，他像一只忧伤的动物般嚎叫。在这一幕和重逢的场景中，都放弃了追求历史的还原性和地域色彩，以期达到更宏大的目标。可以说这两个场景的完成度很高，因为它们致力于表达出人类困境中固有的情感——这正是斯塔尔夫人所认为的戏剧性元素。

还能怎样去拍一部戏剧？在德里克的案例中，你可以看到戏剧特有的象征性的舞台表现形式最终会在影片中以令人满意的方式表现出来。有一个镜头是，只用一个机位拍摄伊莎贝拉（Isabella）和莫蒂默（Mortimer）说着话从左边走到右边的出口处，必须保证以恰当的速度让他们在特定的时间内说完自己的台词。还有一个镜头，一个猎手在后面引导猎犬穿过片场。我们当然知道它们是在摄影棚内，但却拍出了马戏团（在戏剧表演中动物真的被召集于此）和户外的感觉。这两个例子都是关于保留戏剧表演的动作和在场感；还尽可能地避免电影中那些黔驴技穷的老套路（正反打镜头、视线匹配等）。在一份未注明日期、命名为“筋疲力尽”的手稿中，德里克写道：“上帝啊，我讨厌剧情片，它看起来总是能满足预期，故事被讲得那么完满，摄影那么无可挑剔，演技又是那么的完美到乏味。”[1]可以看出德里克强烈地反感剧情片的程式化。相反，在

1 英国电影学院，贾曼Ⅱ，笔记本 20，未注明日期，书Ⅰ：因此可能是 1987 年，即他投身于超级 8 的高峰期。

《爱德华二世》中，他相信戏剧的装置即使在电影中也能产生影响。彼得·布鲁克讨论了布莱希特（Brecht）式的**“疏离效果”**，认为它发出了让观众进行判断的邀请。这样的设置，即通过一些不可思议的中断扰乱了剧情的顺利展开，是戏剧表演中反复出现的特征，而且不限于布莱希特（尽管在他的作品中被发挥到极致）：“每一次破裂都是一种微妙的挑衅和对思考的呼唤。”[1]

当然，通过这样的装置，我们就可以解释德里克电影中一个反复出现，但当时的影评家们普遍不能理解的特点：无政府主义。当《卡拉瓦乔》中的17世纪银行家拿着一个袖珍计算器时，德里克并不是为了搞笑，而是让我们思考过去和现在的相似之处——他的兴趣在于对过去的诠释。那《爱德华二世》里的无政府主义是怎么表现的？在众多不合时宜的影片中，德里克至少在一定程度上将它视为对当前同性恋权利和为之艰苦斗争的贡献，与其说是对过去的解读，不如说是将爱德华国王、马洛和他的戏剧融入当代的斗争中。换句话说，无政府主义邀请观众通过这种与文艺复兴时期剧作家对待中世纪同性恋国王的比较，反思当下的同性恋生活困境。疏离效果使观众无法在“麻木的非批判性的被动状态”[2] 下观看——这正是传统的剧情片产业耗费巨大的资源所想要诱发的状态。

---

1 彼得·布鲁克：《空的空间》，新版，纽约，1996，第79页。
2 同上，第78页。

德里克常常抱怨他的电影预算太少，然而，这可能是强加额外支出导致的。如果用传统的故事拍法，预算完全足够，但若将舞台简化到现实主义/自然主义的模式，可以预见这种工作方式会破坏象征性的价值。布鲁克讨论过“粗俗的戏剧”[1]，在没有巨大的经济支持的情况下即兴创作：“敲打木桶表示战斗爆发，脸涂面粉表现脸色发白的恐惧。”[2] 换句话说，有限的预算会迫使人即兴发挥，激发出创造力，从而促进更多的具有象征性的解决方案。在德里克的《暴风雨》中，至少有一个是纯粹的 19 世纪的技术效果，魔法效果是这样表现的：爱丽儿在镜头外突然点起亮光，再从一个黑暗的角落里的镜子（本身是看不见的）反射出来，使他看起来就像悬在普洛斯彼罗的头顶上。在《爱德华二世》中，在舞台上表现内战的方式看起来是最经济的：一张地图，一个裸露的灯泡，大衣和战衣都让人联想到内战，而非用大量的临时演员在硝烟弥漫的乡野场景中奔逃。在具备复杂的象征性的最后一幕，衣冠不整的莫蒂默和伊莎贝拉被关在笼子里，他们的脸色煞白（涂了粉），而涂着口红、戴着耳环的孩子爱德华三世（Edward Ⅲ）则在笼子上活蹦乱跳表演起“糖梅仙子之舞”（Dance of the Sugar Plum Fairy）[3]，这也算是一部布鲁克所定义的

1 《空的空间》第三章标题。（译者注）
2 彼得·布鲁克：《空的空间》，新版，纽约，1996，第 66—67 页。
3 柴可夫斯基（Tchaikovsky）《胡桃夹子》（*The Nutcracker*）中的一段。（译者注）

“粗俗的戏剧”。

《爱德华二世》也通过象征性做到了物质上的极端节省。一个最典型的例子是，谋杀了加维斯顿的士兵/警察被爱德华和斯宾塞（Spencer）用残忍的方式杀害并吊起来，和他吊在一起的是一头牛的尸体，更让人感到强烈的暴力。这头牛的尸体既是对伦勃朗的画作《牛肉》（*Flayed Ox*）（1655）致敬，也是对弗朗西斯·培根（Francis Bacon）作品的致敬，培根在《绘画》（*Painting*）（1946）等作品中反复使用了伦勃朗的画。

一种反对意见是德里克践行的时候并没有提高演员诠释这些话语的水平，换句话说，没有让这些话语达到足够的力度，而这正是演员的任务。[1] 考虑到该剧是由雄辩诗和无韵诗——即“强力诗行”[2] ——的发明者马洛所写，这的确是一个严肃的批评点。学者弗兰克·克莫德（Frank Kermode）也对《暴风雨》提出了类似的反对意见。[3] 不过总的来说，该片在威尼斯和阿姆斯特丹的电影节上获奖，几乎得到了普遍的好评。

《爱德华二世》拍摄于 1991 年 2 月至 3 月，同年夏末在爱丁堡和威尼斯电影节上映，随后在伦敦和美国上映（1992 年 3 月）。整个 1991 年，德里克一直很忙。他全力支

---

1 约翰·怀佛（John Wyver）：作者专访，2010 年 5 月 15 日。
2 Marlowe's mighty line，马洛强力诗行，又称“雄伟的诗行”，指富有极高的诗性美和想象力的诗句，由本·强森提出。（译者注）
3 弗兰克·克莫德：《泰晤士报文学副刊》，1980 年 5 月 16 日。

持新成立的运动团体“狂怒”（Outrage），参加示威游行和同性恋游行（诉求是降低合法同性恋年龄至16岁，并要求社会接受）。这次参与“狂怒”组织的活动，有助于《爱德华二世》和随电影出版的书籍《酷儿爱德华二世》（*Queer Edward II*）成型。1991年初，德里克结识了霍华德·苏利，并与之搭档看顾展望小舍的花园，德里克也开始在花园饲养蜜蜂。《现代自然》出版后，纸媒评论好坏参半。德里克也为一些电影企划写剧本，但最终没有实现［比如《极乐》（Bliss）和《三色堇》（Pansy）］。从10月到圣诞节期间，他写了一部从40年代当时的个人化同性恋生活传记《后果自负》，虽难免片面，却很有吸引力。他的写作是极其有力的，书中充满了对人与人之间不公正待遇的强烈感受。

践行着激进的同性恋生活，德里克与一群志同道合的公共知识分子如彼得·塔切尔（Peter Tatchell）、艾伦·贝克（Alan Beck）、尼古拉斯·德·琼赫（Nicholas de Jongh）、西蒙·沃特尼和萨拉·格雷厄姆（Sarah Graham）结下了友谊，他的精神保持在一种亢奋的状态。他参与示威、游行和作为公众人物的生活还在继续。

1989年，德里克在格拉斯哥的第三眼中心（Third Eye Centre）展示了一个以同性恋生活为主题的装置作品。这件作品中有涂有柏油和羽毛的物件、印刷品，包括同性恋情色书刊和报纸上的同性恋恐惧症等，还有两个男人在铁丝网幕后同床共枕的画面。1992 年 5 月至 6 月，他在曼彻斯特市立美术馆举办个展，他从理查德·萨尔蒙那里借来了一间工作室和一名助手，制作了一系列色彩斑斓的大型绘画作品：《酷儿》（*Queer*）系列。其中一幅被艺术委员会买下。《吗啡》（*Morphine*）是这个系列中极具代表性的一幅（目前在伯恩茅斯艺术大学图书馆展出）。这幅作品用油画颜料厚厚地涂抹在由大量报纸复制品组成的表面上，该报头版刊登了一篇仇视同性恋的报道。一个年轻的演员因为性取向而被媒体“钉”死在报纸上。德里克的反应是在表面上涂上厚厚的油彩（也许是为了让油彩附着在光滑表面上的必要举动），并用颜料在图案上刻画一些随意的标记：在作品的左中位置尤为突出。这幅作品有效地将新闻报道中除了标题“暴风骤雨笼罩伦敦东区的租房区，肮脏的男孩，把这些垃圾从电视上弄走吧”之外其他报道全部刻意抹掉了。头条和新闻纸张被德里克用黑色和红色的颜料轮番涂抹，有时用各种工具涂上又干又厚的颜料，刻画出凌乱的痕迹。“MORPHIN”（变形）这个词刻在作品的最表面，这一层下面是事先已经用手指在未干黑底上沾上黄色颜料涂上的“MORPHINE”（吗啡）这个词，而词本身就被涂上了一层较薄的红色。黄色的颜料基本没有粘住，手指的压力已经擦掉了所有的颜料，只留下了一层薄薄的涂抹痕迹，显示出画布底层的质感。在其他地方，厚厚的颜料凝结的球状物从表面凸出，显然是因愤怒而匆忙地涂抹的。报纸横幅旁边的“红鼻特刊”（慈善呼吁）的字样，让这份报纸的虚伪性更加明显。

“Morphin”是“变形”的俚语，而“Morphine”（吗啡）则能消除痛苦。德里克的颜料抹去了报纸上仇恨的具体内容。当然，情况并没有这么简单。我们仍然可以看到大致的情况：仇视同性恋的现象仍然普遍。在作品的底部——尽可能地远离标题的地方——德里克有意留下一张小小的肖像照片，就是报道中那个被杀害的年轻人的肖像照片，似乎是出于对他的人性尊重和对其困境的感同身受。在这样的作品中，德里克的美学变成了一种伦理。

他的伦理学带有巨大的愤怒。同年7月，他完成了一部作品：《40%的英国妇女》(*40% of British Women*)，利用报纸上的一篇报道，讲述了一名妇女指控一名年轻男子通过无保护的性行为传染给她艾滋病毒，其中还涉及肛交。这家报纸似乎特别愤怒，因为这是一个异性恋事件，好像艾滋病应该就被限制在一个生活“混乱”的同性恋圈子里。副标题写着：“他说这是爱……但我称它为谋杀”。德里克用黄色/橙色的颜料在复印件上写下了这个故事：

这是给你的新闻

40%的英国女性

屁股在经历

直接的肛交

你称之为谋杀

但我称之为爱

会传播瘟疫

当然，谋杀可能会被判处终身监禁。毫无疑问，这在很大程度上取决于病毒携带者是否知道自己被感染，但抛开这个问题不谈，其他各种问题就会更清晰地摆在眼前。做爱是否应该被归为犯罪？人们是否应该因为亲热的行为而被送进监狱，或者在下流小报上对他们进行谴责？德里克在日记中写道："在这个案例中，小报上的'猎巫'者和工党议员——克拉尔·所特（Clare Short）说他的名字应该被公布出来，那么隐私性呢？几乎没有任何明智的声音出现。"[1] 如果要把艾滋病毒携带者送进监狱，为什么不抓梅毒患者？决定性的因素是医学科学对这两种疾病的现状判断吗？这是一个同性恋被认为是一种疾病，同时也是一种需要羁押的罪行的时代，就像过去的幽灵一样隐约可见。德里克愤愤不平的字句横亘在这部绝不妥协作品上，最后一行字的风格似乎是不负责任的。被艾滋病所困扰的德里克，真的是在主张瘟疫应该通过鸡奸女性来传播给异性恋者吗？思忖着对《酷儿》展览的一些评论，德里克在1993

1 贾曼：《慢慢微笑》，第153页。

年1月写道："有一天，这些画会被看作是愤怒以外的更多东西，我湿润的眼眶会被看到。"[1]

这件事过后不久，德里克去了泰特美术馆，看到了理查德·汉密尔顿的医院装置——"一张病床上有一台电视机，播放着T夫人的党政广播"[2]。在《酷儿》系列中的另一幅画作《瘟疫传播》（*Spread the Plague*）中，大量的文字似乎构成了绘画。许多字都无法辨认或被擦掉了——有的只剩下一两个字母——但下面的字是可以认出来的："16岁的苏活区艾滋病坏男孩用血传播瘟疫来报复"（"报复"这个词是报纸中唯一可见的部分）。因此，艾滋病危机在充满敌意和争议的言论中爆发，未被大众媒体理性地对待。展览在曼彻斯特举办，这让德里克非常满意，因为这个城市有个臭名昭著的反同性恋的警察局长。

从1992年初开始，德里克就被脸上寄生的触染性软疣折磨，必须定期用液氮将其烧掉。他的身体一直很孱弱，但还算稳定，直到8月巨细胞病毒侵袭了他的视力，导致他在那几周陷入右眼即将失明的恍惚和焦虑之中，幸而最终病情稳定下来，结果是右眼视力下降，视野缩小，右眼上方仿佛被一片奇怪的空白遮挡着。尽管如此，他还是坚持了下来，继续工作。1992年的3篇日记记录了德里克在迎接死亡前夕的生活感受："艾滋病的可怕让每个人的幻想

---

1 贾曼：《慢慢微笑》，第303页。
2 同上，第167页。

破灭，无力抵抗”（6 月 5 日）；“我坐在（展望小舍）前门边，闻着丁香般粉红色的气息，那是一首田园诗：《阿卡迪亚的牧人》（*et in Arcadia ego*）[1]。我爱上了这个地方，请上帝让我再多看一年”（6 月 6 日）；“太阳落在林德教堂塔楼后粉红色和紫色的光芒中。而云彩变成了靛蓝，在满月中驶过进入黑夜”（6 月 12 日）[2]。这些片段表现出德里克对社会文化危机的反思，对自身健康的忧虑和对自然界绚丽奇观的热爱。

1992 年，制作电影《维特根斯坦》的委托来到了德里克面前。塔里克·阿里（Tariq Ali）的万隆公司（Bandung）负责为第四频道制作一系列关于哲学家的电影。他从特里·伊格尔顿（Terry Eagleton）那里得到了一部关于路德维希·维特根斯坦的剧本，伊格尔顿是一位文学评论家，并非专业编剧。[3] 正如我们从《以卵击石》中看到的那样，德里克对将社会现实主义作为一种美学深恶痛绝。他把剧本拆开，他的合作伙伴和老朋友肯·巴特勒，也就是《爱德华二世》的副导演（在德里克病重无法参加拍摄的日子里接替了他的工作），翻阅了瑞·蒙克（Ray Monk）撰写

---

1 普桑（Poussin）的一副画。（译者注）

2 贾曼：《慢慢微笑》，第 139 页，第 140 页，第 144 页。

3 参见贾曼，特里·伊格尔顿，科林·麦凯布，《〈维特根斯坦〉：特里·伊格尔顿的剧本，德里克·贾曼的电影》（*Wittgenstein: The Terry Eagleton Script; The Derek Jarman Film*），伦敦，1993。关于特雷弗·格里菲斯（Trevor Griffiths），参见麦克·普尔（Mike Poole），约翰·怀佛：《以少胜多：特雷弗·格里菲斯的电视剧》（*Powerplays: Trevor Griffiths in Television*），伦敦，1984。

的维特根斯坦传记，并把大量的素材都写进了新的剧本。[1] 因此，在伊格尔顿的版本中，维特根斯坦的形象是用神圣的愚人来替代他的空洞状态，很多时候他都是在扮演儿时的自己（他的传记作者曾写道，这位哲学家寻求“孩子般的纯真”，而他自己在 40 岁时“仍然是个少年”[2] ）。两版剧本之间的差异导致了伊格尔顿和德里克之间彼此赌气争执，既有当面争吵，也在媒体上针锋相对。在这里，我们看到在 80 年代初，在电影工业与剧本创作之间无限循环的两难困境占据了德里克的大部分时间。在原剧本和最终的电影之间，到底是什么才更接近本质？

对于一部 80 分钟的电影来说，预算真是太少了，正如德里克在谈到他的电影制作时所说，“预算决定美学”[3]。拍《维特根斯坦》的预算用于 10 月在伦敦市中心租借一个摄影棚两周。德里克对维特根斯坦关于色彩的思想很感兴趣，并在当时的启发下，将自己的色彩思想集结成册［《色度》（*Chroma*）］，他决定将摄影棚涂成黑色，其他角色的服装和整部影片的道具都使用鲜艳的纯色。主角本人是个例外，他的穿着很自然，就像他那张著名的照片，在照片中他身穿毛呢外套和开领法兰绒衬衫。正如德里克在《色

---

1 肯·巴特勒：作者专访，2010 年 3 月 31 日。瑞·蒙克，《维特根斯坦传：天才之为责任》（*Ludwig Wittgenstein: The Duty of Genius*），纽约，1990。
2 瑞·蒙克：《路德维西·维特根斯坦：天才之为责任》，第 262 页。
3 贾曼：利帕德专访贾曼，《天使领路：德里克·贾曼的电影》，第 165 页。

度》中写道，黑色在电影中给人一种“无限”感[1]，鲜艳的色彩在其中就会更加明亮，与维特根斯坦的服装形成鲜明的对比，其他演员的服装就像永久的异形装置，但这种色彩的使用是有原因的，这源于维特根斯坦的哲学。在影片中，约翰·梅纳德·凯恩斯（John Maynard Keynes）正在做一个圆形拼图，所有的拼图块都是白色的。这是一个贾曼/巴特勒式的笑话，因为维特根斯坦在《色彩评论》（*Remarks on Colour*）中用拼图的例子来说明色彩的相对价值：色彩的价值是由它出现的背景决定的。[2] 在他的著作中，维特根斯坦对色彩的逻辑结构和我们对色彩词汇的定义的简化性和主观性很感兴趣；然而，在一个非常怪异的时刻，他又写道：“色彩促使我们去哲学化。”[3]

通过全部在一个黑色的小摄影棚内拍摄，避开室外的镜头和外景，并坚持每天拍摄 6 分钟的影片成品（正常拍摄量的两倍），德里克几乎把这个企划变成了一部戏剧电影，实际上也是彼得·布鲁克所说的“神圣的戏剧”（The Holy Theatre）的一个例子，它让无形的东西变成了可感知的东西，并通过“一点手段、紧张的工作、严格的纪律和绝对的精确性”的结合使之成为可能。[4] 后三种工作大多

---

1 贾曼：《色度》，第 137 页，139 页。
2 维特根斯坦：《色彩评论》，伯克利和洛杉矶，1977，第 60 页。
3 瑞·蒙克：《维特根斯坦传：天才之为责任》，第 561 页。
4 彼得·布鲁克：《空的空间》，第 60 页。

来自德里克的朋友们的专业帮助，他们为这部电影工作，但不求有多少经济回报，因为德里克的健康状况很不稳定，这可能是他最后一次拍电影。在蒂尔达·斯文顿、迈克尔·高夫（Michael Gough）、约翰·昆汀（John Quentin）、林恩·西摩（Lynn Seymour）、饰演年轻维特根斯坦的克兰西·查赛（Clancy Chassay）以及整个剧组的支持下电影得以完成，其中卡尔·约翰逊饰演不合时宜的哲学家，表演非常出色。

德里克在《庆典》中首次提出艺术家必须重塑自己作为艺术家的形象，并将创造力传播出去。德里克从 70 年代末开始，就与各种不同的人群一起拍电影，他们的存在往往有助于在片场营造轻松积极的氛围。他说，拍电影的目的是为了创造共同体。[1] 现在，他却担心自己在“剥削”他们，因为报酬少得可怜，但这些朋友们却无偿地回报他。这些年来，他更像 20 世纪早期的文学编辑，如福特·马多克斯·福特这样的“伯乐”：换言之，他很早便发掘了人才，给出建议和机会去培养他们。这是德里克重塑美学伦理的方式之一。举例来说，托亚·威尔考克斯就是他发现的“千里马”之一。[2] 要说他在这方面最大的成就当然是挖掘了蒂尔达·斯文顿，德里克将她带入电影界并且拍摄

1 贾曼：西蒙·菲尔德专访。
2 托亚·威尔考克斯在接受斯宾塞·雷伊的电影《庆典：离黄金时代有多远》采访时对贾曼表示了深深的敬意。收录在标准收藏的 DVD 中。

了她的第一部电影。而服装设计师桑迪·鲍威尔第一次为德里克工作时就得到了他的建议和培养。[1] 两人都参与了《维特根斯坦》项目，斯文顿甚至为这部电影的造型设计出力，一天，她请化妆师把她的脸涂上黄色和蓝色的条纹，虽然只是小小的改变，但却很有说服力，出现在片场时还给了德里克一个惊喜。他很喜欢，于是就加到了电影里，这就是“传播”创意的一个小例子。[2] 在电影情节中，当斯文顿的角色用这张脸面对维特根斯坦时，是她先感到惊讶——这同时暗示了维特根斯坦常被熟人看作怪人，也暗示了他内心觉得这些人很可能是离谱和不合逻辑的。这一刻也暗示了影片始终如一地从维特根斯坦的角度来表现事物的方式。

片中几乎没有一个场景依赖自然主义手法的镜头［除了“划船去挪威”（第 11 场）和战场上的场景（第 15 和 16 场）］，但这些例外更多的是戏剧性的自然主义，而不是电影性的。从年轻的维特根斯坦介绍他的家人，以及他们穿着古罗马帝国服饰出现在人群中的那一刻起，德里克就致力于制造一种诋毁、变异的疏离效果。有一次，电影里的小角色绿火星人透露了这部影片的解码方式，他说：“这个电影拍摄地点在滑铁卢，但我怎么知道你是路德维希·维

---

1　桑迪·鲍威尔的采访稿收录于 Zeitgeist Video 的发行 DVD《Glitterbox》，2008 中。
2　这些信息由肯·巴特勒提供，作者专访，2010 年 3 月 12 日。

特根斯坦?”这就是典型的运用“搞怪”的疏离方式，诱发观众按照布莱希特式的思路去思考电影本身。对话中有一些正反打镜头，但通过独特的色彩运用抵消了传统的现实主义手法，让影片的动作非自然化。当维特根斯坦的一声叹息或一个眼神就完成一个场景时，德里克所钟爱“微动作电影”就完成了。

影片通过一个巧妙的隐喻呈现出维特根斯坦受制于性取向的戏剧化。维特根斯坦坐在一个巨大的鸟笼里闭目养神，和他一起被关在笼子里的是一只鹦鹉。为什么会这样?这提供了一个象征性的事实，虽然维特根斯坦希望质疑事物的基本原理——数学、逻辑和哲学的基础——从而让哲学指导人们的生活，但他完全无法质疑他自己的本质，尽管有社会禁忌，他还是接受了，所以他能够带着他的同性恋倾向快乐地前进。他说：“生活在一个爱情被认为是违法的世界里，试图堂堂正正地生活是不可能的，我和约翰尼(Johnny)睡过三次，通常在刚开始时，我都不会有罪恶感。但在这之后，我一定会感到羞耻。”

《维特根斯坦》的拍摄需要长时间的工作(每天早上7点到半夜)，德里克需要精神高度紧张，不停地向别人解释概念，引导演员找到表演的感觉，还需要作无数的决定。先不谈这些努力是否都有回响，1992年11月，德里克旧病复发——1990年曾折磨过他的PCP型肺炎，一种真菌性肺炎。他在伦敦的圣巴塞洛缪医院住了一个月，体重和体力都极剧下降。尽管最后康复了，但这段经历不仅影响了他的健康，也影响了他的外表。1993 年间，病毒引发了持续的发烧，德里克的胃、皮肤和视力都受到影响。他的眼睛有时只能看到灰色的阴影。他的体力在胃部不适、彻夜失眠、持续发烧、肌肉流失中逐渐减弱。他失去了平衡感，几乎没有一天觉得自己是健康的。到 1993 年圣诞节时，从确诊开始，他已经与疾病抗争了 7 年。7 年后的这一天，他只能坐在轮椅上，双目失明。

然而，在前一个冬天（1992 到 1993 年），他甚至同时进行《维特根斯坦》电影笔记《色度》的写作［一个昵称叫“姜末”（Gingerbits）的朋友在为他打字，在德里克看来，这拖慢了速度］和电影《蓝》的拍摄，有时是在病床上完成的。《色度》是一本关于色彩的独一无二、引人深思的书，它融入了色彩的化学和文化历史元素，但主旨是探索色彩给予人的极强的即时性和生命力之感。在这里，德里克运用了他的全部智慧，试图传达出一个艰深难测的主题，这也正是他一生的专长。他进入了杰出作者的行列，部分是受到维特根斯坦的启发，他自己也曾阅读过歌德关于这个问题的著作。

1993 年，德里克以另一种方式延续了对色彩的探索，这是当年他的主要活动之一。《酷儿》系列画作的标题［《血》（*Blood*）、《EIIR》、《时间》（*Time*）、《瘟疫传播》、《死亡天使》（*Dead Angels*）、《给大臣的信》（*Letter to*

*Minister*)、《女王与首都》(*Queen and Capital*)、《负面形象》(*Negative Images*)、《行动起来》(*Act UP*),《艾滋岛》(*Aids Isle*)等] 没有特定的主体性。它们具有文化层面的意义,就像主体对病毒的文化上的反应。对于接下来的一系列绘画作品,德里克从根本上改变了重点。

1993 年,这个命名为《邪恶的女王——最后的画作》(*Evil Queen — The Last Paintings*)的系列作品(曼彻斯特的惠特沃斯美术馆在他去世后展出。这一系列作品并不是文化攻击,所以小报记者并无兴趣。两名助手准备好 7 英尺见方的画布,并为它们涂上了最初的背景色,[1] 然后德里克(和他的助手们)[2] 以不同的图案和厚度涂上颜料,或者把颜料直接扔到画布上,有时甚至直接用手作画。这个由涂抹和飞溅的颜料组成的矩阵,有时会呈现出无定形的形态,有时则是一连串手印在画布上拖动。除了《病菌》(*Germs*)与《感染》(*Infection*)这幅有着精确的控制之外,5 月和 6 月的画作都是用厚厚的颜料涂抹,达到一种超乎寻常、直击人心的效果,而 10 月的画作则少用了很多颜料,可以看到手印和指痕之间的空间变大,德里克体能的减弱也很明显。

在这个系列中,《呐喊》(*Scream*)和《死亡》(*Death*)仿佛通往地狱的隧道。在《哎哟(男同性恋)》(*Ouch*

---

1 这些信息由理查德·萨尔蒙提供,作者专访,2010 年 3 月 12 日。
2 托尼·皮克:《德里克·贾曼》,第 521 页。

(*Arse Bandit*)）中，带有一种凄凉的仲冬感，淡紫色的油漆上多了“基佬”（shit stabber）的字样。《干瞎我》（*Fuck Me Blind*）在炭灰色的厚厚的漆面上非同寻常地刻上了这几个字，并在淡紫色的底色上延伸到另一边。深灰色的颜料像工业烟囱冒出的浓烟，如云雾一样在那里旋转。在字母 f、m 和 b 上少量炙烈的猩红色略微缓解了气氛，但也让观者联想到了最终还是要解决流血问题。

从这些绘画中可以看到的文字构成了每件作品的重要组成部分，而非事后添加上去的。《屁股注射死亡综合征》(*Arse Injected Death Syndrome*)[1] 的文字营造了一种酷儿的氛围——这个词用来表达同性恋者意识到了他们生活在充满敌意的环境中，在那里，同性恋的行为和生活被偏见所笼罩，因此采用了“酷儿”这一自我称谓，因为它预示着这种偏见和自我定义受到外在定义的影响。从这幅画中的标题提取首字母拼写组成“AIDS”（艾滋），它来自街头充满敌意的俚语，意味着一种文化的挪用。然而，《邪恶的女王》系列中的词语，与《女王》系列的词语相比，最主要的一点区别是它们更个人化和主观化。在几乎所有的画作中，这些文字都带有德里克的主观性。它们可以被看作他对自己的描述，即：他是谁，他被允许成为谁。他被限制着——不仅被疾病所限，也被人们如何看待疾病（也如

1 源于当时英国的一句歧视同性恋和艾滋病的顺口溜：AIDS AIDS AIDS，Arse Injected Death Syndrome。（译者注）

同看待他）所限。《干瞎我》是双关语，是一个在性爱过程中表达享受的俚语。从字面意义上讲，指德里克的确做了这样的事，因为他在一次性爱中感染了病毒，而失明是弓形虫病的症状之一（在绘制这些作品的过程中，他的视力已经恢复到一只眼睛可以通过戴上大号眼镜看东西）。另一幅画的标题是《昏头的婊子》（*Dizzy Bitch*），这是个侮辱性的俚语，指思绪混乱或失控的人，但在德里克讽刺性的运用中，它意指病毒带来的眩晕感。捐赠给泰特画廊的这幅画作《共济失调艾滋病很好玩》（*Ataxia Aids is Fun*），对他所经历的失去平衡的感觉具有强烈的讽刺意味（他在这一时期的日记中称自己为“晃荡老头”或“无腿先生”[1]）。病毒让德里克想要《呐喊》，死亡也是。他发现自己无能为力。《邪恶的女王》已经变成了《颠七倒八》（*Topsy Turvy*）（后者是一个同性恋者直截了当的说法——也是部分媒体和同性恋者如何看待德里克的）。德里克想要《性感地死》（*Dead Sexy*）：德里克曾经以他的性感，他的身体吸引力为荣，但现在，他却发现自己的身体变得越来越差。他面临的结局只剩死亡了吗？（他恨不得这个问题得到肯定的回答。）病毒驱使他完成另一件作品《癫狂》（*Do Lally*），这是一个俚语，源于印度的一个地方（德奥拉利），在那里有一个营地是为英国老兵设立的，专门用于他

1 贾曼：《慢慢微笑》，“我称共济失调为晃荡”，第 360 页；“无腿先生”，第 352 页。

们等着拿到报酬之后回家。其中的一些人在接他们的船到达之前，一直等了很久很久，以至于有的发疯，躁动，癫狂。最终，德里克可能很快（从 1993 年 6 月的角度看）就会《死掉》（*Drop Dead*）。[这当然是另一个双关语，这次用了“帅死了”（Drop dead gorgeous）的双关语，是对一个人长相的赞叹]。这句话里有种苦涩的讽刺意味。与肉体吸引力和性快感相关的短语被转化为唤起死亡和绝症的词组。

关于绘画的混乱状态和创作时强烈的身体感受，德里克谈到让绘画“释放出我内心的暴力”：即“每个艾滋病感染者都会感受到的愤怒”。[1]

该系列中的最后 5 幅，日期标注为 1993 年 10 月，已经没有了 5 月和 6 月的画作那种令人惊叹的内在深度和色彩特征。这里可以清楚地看到背景：《糟糕（邪恶）》（*Dipsy Do (Sinister)*）是玉石色，《癫狂》的是淡紫色。最表层留有痕迹：所有的手印都用了红色颜料涂抹，就像一个囚犯试图用流血的手指抓破墙壁。安德鲁·罗根说，这些手印对他来说，是一种不顾一切尝试抓住生命的企图。然而，同样值得商榷的是它们暗示的可能用艺术逃避的企图。逃避什么？生命？还是死亡？如果我们接受罗根关于德里克的观点，即“他就是他的艺术”[2]，这两种解释是可

1 肯·巴特勒：“所有的愤怒”，转载于《Vogue》中“邪恶的女王”展览，曼彻斯特，1994；目录，引自贾曼，第 12—14 页。
2 安德鲁·罗根：作者专访，2009 年 8 月 10 日。

以调和的。对于艺术家来说，早期的逃避观念是通过画面来实现的（“穿越广告牌上的应许之地”是《鱼嘴里的手指》中反复出现的短语，指的是逃到美国和波普艺术之中），进入20世纪60年代后期冷峻平静的风景之中，如《冷水》那样。因此，实际上这些看似绝望的手印拖到画布上表明，现在已经无法逃避了。同时，颜料的运用也越来越少，不再是狂乱涂抹、击打和飞溅的色彩的深浅混合，这意味着力量的匮乏和体力的减弱，反映出德里克在1993年的困境。日渐衰弱的思想慢慢在艺术中展露。

从传统的艺术史学角度看，这一系列绘画可能会有两点启示。《酷儿》系列所采用的方法可以被看作类似于贾斯帕·约翰斯（Jasper Johns）用报纸浸泡在粉彩中并粘在布上的方法来构思《旗帜》（*Flag*），这是早期的波普艺术作品。在这里，报纸也是如此。碎片表面有文字可以阅读，因而内容层面上起到了作用。罗伯特·劳森伯格（Robert Rauschenberg）在作品中通过丝印的方式再现了被发现的图像，并将其融入他的绘画中，这或许更合适。另一种启示可能试图将《邪恶的女王》系列定义为表现主义。[1] 在60年代，德里克非常坚决地拒绝了波普艺术和抽象表现主义，而倾向于他具象的、非自然的、非表现主义的风景画，它们是冷静的，公正的，精确的，适宜的。如果非要说流派，

1 肯·巴特勒：“所有的愤怒”，第22页。

也许类似保罗·纳什（Paul Nash）的《巨石的等价物》（*Equivalents for the Megaliths*）和朱利安·特雷维扬（Julian Trevelyan）等艺术家的作品。德里克仿佛在等一个完美的时机，适当时才会开始使用波普艺术和抽象表现主义的技巧。

德里克在60年代拒绝波普艺术的部分原因无疑是波普艺术不允许艺术家有完全的选择自由。他们的题材存在于文化中，来自外部，是既定的，问题只是如何处理而已。围绕着这个问题的决定中，存在着（唯一的）创作的回旋余地。然而，到了1993年，随着艾滋病情的加重，德里克的处境发生了不可逆转的变化：来自外界的环境对他产生了强烈的冲击，他能作出反应的唯一动力是他仅存的自由意志。1960年代，他并没有把波普或抽象表现主义作为艺术的潮流来拥护，但现在如果要直面他的处境，他需要这些具有社会运动性的资源。德里克似乎并不想选择或试图去选择这个“穿越广告牌的应许之地”，而是要正视自己的处境。

在创作这一系列极其坦诚的自我暴露的作品时，德里克在身体极度虚弱的状态下（就在他去世前几个月），实现了他绘画美学中的伦理学。他展现出病毒对他的身体和自我的影响，见证了其他和他一样被这种病毒侵袭的人的痛苦。但德里克却以极大的明晰性和典范性的艺术控制力做到了这一点。他的文字中反讽“大师诅咒”，既能防止自怜，又不会抑制愤怒、痛苦和愤怒的情绪表达。无论他的身体机能如何衰退，他从未失去艺术的平衡。

在《邪恶的女王》系列中，彩绘的基底与出现在上面的文字不可分割。在画布上画出来“呐喊”这个词，与德里克的早先的绘画《呐喊》那般以其大量“脓”黄色和粉红色的颜料来描绘所达到的力量不同。我们仿佛凝视着一条可怕的隧道。德里克特意用《呐喊》这个标题与爱德华·蒙克（Edvard Munch）著名的表现主义艺术杰作有着不容忽视的联系，德里克也通过致敬来确立自己的表现主义风格。

创作 1993 年初夏的画作时，他常常会把颜料倾倒和泼溅在画布上，其效果是感知性和身体性的。但从 10 月开始的作品中，他是用威胁性更小的方式（更多的是作为一种奇观），绘画作品中狂乱的刮擦和抓痕似乎是由极度活跃但衰弱的手造成的，这同样是身体性的。我想说的是，这些作品中的文字和颜料的融合，会让人联想到了德里克在 80 年代中期一些黑色系列作品中具象诗的延伸。《邪恶的女王》系列到达了更深的层次，远超早期的系列作品，也代表了德里克文字运用方式的改变。在早期作品中，文字蚀刻在玻璃上，通过粘附在颜料表面，有了手写的形式，关乎精确计算的空间分布和手写尺寸。它们与黑白色颜料的基底形成了鲜明对比。在《邪恶的女王》系列中，文字显然已经有了自己的野性和活力，它们侵入并占据了颜料层并在其中栖息，塑造和生成它们的形态。《感染》《干瞎我》《呐喊》等作品中的文字都深深地刻在颜料上。《哎哟（男同性恋）》的构成方式则不同，这些文字被完整地刻画在颜料层上，以至于文字在很大程度上构成了作品，就像《死亡》一样。《汩汩与吱吱》（*Bubble & Squeak*）中这些黑色的字是完成这幅黄色背景上有猩红色印记的画的关键。《颠七倒八》是个例外，正如它的名字，它烟花般的色彩表面上没有文字。在泰特画廊的《共济失调艾滋病很好玩》中，文字从复杂的颜料层中显现出来。事实上，除了作品的标题之外，当观众凝视作品时，还有两个短语从画中冒出。这些短语并不是马上就能感知到的，需要时间。“失调”（ATAXIA）这个词在三角锯齿状的形式支撑上以水平结构加以强调。一个细节表明，这个字其实在绘画过程中很早就已经被设想好了，德里克作了充分准备。这两个字是整体色彩基础的一部分，因为淡紫色仅仅用在字母周围，其他地方都没有出现。而整系列的作品就像这幅画一样：没有任何一个文字元素是事后才考虑加上的。

文字在他最后的作品创作中占有至关重要的地位，同样也包括 1993 年创作的——他的最后一部作品《蓝》。

# 9 以诗人告终

1992年8月后，德里克在凤凰楼公寓、展望小舍和医院的病床上度过他所剩无多的日子，在邓杰内斯的时间被日益严重的健康问题挤占。1993年3月和4月，德里克又被运动性共济失调和直肠脓肿折磨，他再次住进了巴特医院。德里克还出现发烧、皮肤灼热、瘙痒等症状，疑似感染了另一种病毒——MAI（他在日记中写道："我的脸"像暴风雪中狒狒的紫红色屁股[1]）。他出现间歇性的持续胃部不适，在公共场合或者夜里在床上时深受腹泻困扰。这种情况占据了他的余生。疾病极大地摧毁了他的体力，但并没有完全侵蚀他继续奋斗的意志。他的体重下降了，外貌也改变了，变成了一个虚弱干瘦的老人。他设法在邓杰内斯待了一段时间，并从照顾那里的花园中获得了力量。不过，与柯林斯的感情比其他一切都重要，这是让他一直坚持下去的动力。最后一本出版的日记《慢慢微笑》（2000）展现了他当时的精神状态，至少在1993年夏末之前的大部分时间里，他的精神状

1 贾曼：《慢慢微笑》，第269页。

态都很好，尤其是和他的朋友——园丁兼摄影师霍华德·苏利在法国度假时，他的心情非常愉快。他们参观了莫奈（Monet）在吉维尼的花园，并在米利拉福雷[1]找到了让·谷克多的小礼拜堂。从9月开始，日记进入尾声。如果把书写自己的兴趣作为他活下去和享受生活的意愿的标志（对于德里克这样的人来说，这种衡量标准更有效），种种迹象表明，1993年8月底之后，他被病魔打败了。

在此之前，至少他还在继续写作，他仍然有能力进行创作和文化论战。1993年4月，巴特医院被保守党内阁中一位顽固的卫生部长威胁关闭，而这个保守党政府并不是为了改善人民的生活，而是为了纯粹的意识形态斗争。德里克给《独立报》（*Independent*）写了一封抗议信，该报在头版头条刊登出来。他指出，巴特医院是世界上最古老的医院，是11世纪时由拉赫雷（Rahere）修士为回应一个圣人之梦而建立的。德里克强调，作为病人，他是多么需要18世纪院落里的亭台楼阁和喷泉带来的静谧。他用维特根斯坦的思想来反击政府："当一种意识形态占据统治地位时，不会有具备洞察力的怀疑，只剩盲目。"[2] 德里克还警告"国家失忆症"的危险性："没有过去，就无法映照出我们的未来。"这封信凭借其强大的说服力，成为广泛抗议运动的重要组成部分，并促使官方放弃了关闭医院的计划。

---

1 原文为 Millet le Forêt，正确法语地名是 Millet la Forêt。（译者注）
2 这封信再版于《慢慢微笑》，第338—339页。

1992 年 8 月 19 日，星期三，坐在病床上的德里克在日记中写道："我决定拍《蓝》，没有画面——因为它们阻碍了想象力，也让人被叙事摆弄，专制的气氛令人窒息。"[1] 实际上，从 1987 年开始，他就一直斟酌是否在这部电影中使用影像，所以这个决定并不是因为体能下降而作出的。[2] 这是一种美学上的选择。

这个决定让评论家们无法按照以往对他作品的惯常特点就本片作出评论，即对某些方面（如剧本，演员的表演，过时的手法，袒露的性爱）的批评，最终被对影片纯粹的画面的认可所替代；换句话说，美丽而深情的摄影和视觉设计其实并不能成为评论家们认可的通行证。《蓝》以完全抽象的克莱因蓝（Klein Blue）作为画面底色。因此，成败取决于纯粹抽象的画面与饱满的、非抽象的、以身患绝症的困境为基础音轨的结合。影片完成后，制片人称赞说："这是第一部全面拥抱智慧的抽象长片（电影），它的情绪化、趣味和痛苦……它把电影带到了我们已知世界的边界。这部电影献给同性恋者和所有真正的恋人。"[3]（1993 年 3 月 2 日）《蓝》表达了对遭受艾滋病切割的一代人的悲哀，也是对一个人面对治疗和死亡的困境的思考和表现。这也是关于渴望的电影，它将这种情感集中在色彩上，正如伊

1 贾曼：《慢慢微笑》，第 198 页。
2 见英国电影学院，贾曼 Ⅱ，笔记 20，条目 3，"MNEMOSYNE，未注日期，1987"。
3 贾曼：《慢慢微笑》，第 320 页。

夫·克莱因（Yves Klein）所表达的那样，这种色彩是“人类沐浴在其中的普世之爱”[1]。自1993年以来，《蓝》成为德里克所有影片中最发人深思的一部。它在爱丁堡和威尼斯电影节上赢得了观众的热烈反响，并于1993年9月在德国以“非凡的艺术杰作”[2] 获得了首届赖纳·维尔纳·法斯宾德奖（Rainer-Werner Fassbinder prize）。奖金帮助德里克暂时摆脱了经济上的焦虑：从无法工作的他要如何支付最后5个月治疗和应对病痛的费用这一问题中解脱出来。

既然我曾断言，《蓝》的整个音轨（包括音效和明显的散文段落）相当于一首诗，那么，在这个阶段先暂时搁置，最好是将这一说法放在上下文中。有一点可以肯定，德里克创作生活的中心是诗歌，这是可以被论证的。有什么证据可以证明？

德里克的诗集《鱼嘴里的手指》中的一些诗标注的年份是1964年。从70年代中期开始，在“约翰·迪伊”的剧本中，就有一些诗作进入了《庆典》（1978）中伊丽莎白时代的场景。在创作《暴风雨》《天使的对话》和《爱德华二世》时，他都是使用一些别人的诗作，他在剪辑音乐电影时将流行音乐中的歌词匹配相应的画面，展现出非凡的技巧；《华丽的咏叹》中，他用这个技巧使影片达到了类似

1 伊夫·克莱因：引自贾曼，英国电影学院，贾曼Ⅱ，盒16，“全球性的《蓝》”，1988年3月。
2 托尼·皮克：《德里克·贾曼》，第527页。

古典音乐的效果。从《跳舞礁》(1984)开始，他的所有散文回忆录中都包含了他自己的诗歌，包括最后的日记《慢慢微笑》，其中有一篇令人印象深刻的关于艾滋病的冥想，《当时光流逝》(As the Clock Ticks)。我在前文已经论证过，在黑色系列的绘画中，文字与具象诗的言语空间和语境敏感度有关。在《英格兰末日》的电影笔记里，德里克亲手将画外音的文字标注为“诗”，而在《慢慢微笑》中，他对电影《花园》的评价是“如诗，有诗意的叙事”[1]。《以卵击石》中，他用类似的语言解释了《英格兰末日》：“(这部电影)由图像和声音组成，这种语言相比散文更接近于诗。”[2] 在接受西蒙·菲尔德的采访时，德里克也曾说：“《天使的对话》不是叙事，而是诗歌。”

以《英格兰末日》中裕仁天皇的画外音为例，可对这种说法进行印证。它的开头是：“忧伤的老天皇被黑色的高礼帽压弯了腰，在死寂的阳光下微笑”(The sad old emperor bent beneath his black top hat smiles in the deathly sunlit silence)。我们很快可以发现在这首诗中微妙的韵律，s(出现 7 次)和 b(4 个词中出现 3 次)，以及谐音 a(sad black hat)和 i(smiles silence)。这些设置有助于营造一种既阴郁又险恶的意境。画外音继续用八音节的方式展开：

1 英国电影学院，贾曼Ⅱ，条目 13，《英格兰末日》笔记本Ⅱ；《慢慢微笑》，第 203 页。

2 贾曼：《以卵击石》，第 185—187 页。

The lady next door to me says
THERE HE IS! THERE'S HIROHITO
AND HIS EMPRESS NAGASAKE
Look! Johnny Look! They're playing the
Funeral March for the Royal
Doulton. He stole the patterns way
back when you were a little boy . . .

站在门边的女人说
他在那儿！裕仁天皇在那儿
还有她的香淳皇后
看！约翰尼快看！他们正在为
道顿王室演奏送
葬曲。他们很早就偷走了这个仪式
当你还小的时候……

而在这段话中，我们听到的是基于元音重复的悲哀曲调，“女人（lady）、旁边（next）、说（says）、那儿（there）、那儿（there）、皇后（empress）、参加（playing）、仪式（way）、当（when）”。

这里不过多赘述，下面另举一例：

Us kiddies weaned on food parcels

From Uncle Randy in the wild west
Choc-full o'comix and bubble gum
. . .
The bomb dropped with regular monotony
Leaving us waiting — the frosty heart of
England blighted each spring leaf
    All aspiration withered in the blood.

我们孩子断奶的食物
来自西部荒原的兰迪叔叔寄来的包裹
满满当当的漫画和泡泡糖
……
炸弹单调又重复地投掷
留下我们无尽等待——英格兰冷若冰霜的心脏
枯萎了每片春日的树叶
    所有的热望都在血液中枯萎。

这里的押韵包括 k［孩子（kiddies）、叔叔（uncle）、漫画（comix）］、f［食物（food），来自（from），满满（full）］和 b［炸弹（bomb）、枯萎（blighted）、血液（blood）］等。还能在这里看到，德里克的拼写是如何巧妙地强化了单词中的意义和情感。还有 i（4 次）和 o（9 次）的韵脚。

这是一场文字游戏。Wild west/choc-full o'comix and

bubble gum 改写了传统拼写（choc 即 chock，o' 即 of，comix 即 comics），这在 1950 年代的预科学校（除了假期，“我们的孩子”都挤在那里）中肯定是不允许的，不知道这是不是我的假想，念这些词组（wild west；choc-full o'comix；bubble gum）仿佛给人一种咀嚼感？在 leaving……leaf 这句话中，出现了几个不那么欢快的词，横跨两行，意味深长。有 o 音的单词从关于吃的桥段（choc，o'comix）迅速落转到阴郁的“The bomb dropped with regular monotony”（炸弹单调又重复地投掷），从根本上改变了 o 的同音。“regular monotony”（单调又重复）两个词在意义上可能是多余的（同义词），但节奏上三个 o 音一起，使这一句的意义得以实现。所有这些效果都巧妙地或潜移默化地强调和夯实了诗歌的意义。最后一点是关于节奏的问题：影片中最令人难忘的台词都是由 trochee、iamb、spondee 等微妙的韵尾构成的，因此富有力量感。

On every green hill mourners stand
And weep for the last of England

每一座青山上，都有悼念者伫立
为英格兰末日哭泣

回到《蓝》：有部分台词明显贴合这种诗意。结尾处开头的那一段“采珠人/在蔚蓝的海洋中”（Pearl fishers/In azure seas)，应该被收录到每一本英文现代诗选集中。它是伟大的、令人难忘的诗行，讲述了失落、哀恸、悲伤、无常、爱情和艺术的坚持。它和其他部分一起被排版成诗，收录在随电影出版的书中。[1] 这些段落中穿插着一些似乎是对话、轶事和个人的段落，大多关于德里克在医院就医的经历，在书中，这些段落排成散文。然而，从其中一段的语境中散发出的明显的诗意来看，足以将整段配音视为一首诗。

In the pandemonium of image
I present you with the universal Blue
Blue an open door to soul
An infinite possibility
Becoming tangible

在图像的喧嚣中
我给你一种全然的蓝色
蓝色是一扇打开的灵魂之门
无限的可能
生成有形

紧接着是这两句："我又来到候诊室。候诊室就是人间

1 《蓝：德里克·贾曼的电影文本》(*Blue: Text of a Film by Derek Jarman*)，伦敦，1993，第28—30页。

地狱”（Here I am again in the waiting room. Hell on earth is a waiting room）。在尼吉尔·特瑞气急败坏的干巴巴的表达中，产生了一种滑稽的效果，尤其是通过一句非常接地气的白话，与前几句的高深的思想和口吻形成鲜明的对比。但是，一旦我们意识到上面的（看起来平淡无奇的）语句形成了一个八音节、一个十音节的连贯结构，将音轨的各个部分断句为诗歌或散文就是合乎自然的：这两个句子都是以强弱格的元音开始，通过冠词（定冠词和不定冠词）形成的额外的非紧张音节来转化为弱强格。

将诗句设置成美妙的散文段落，是德里克最喜欢的诗人之一艾伦·金斯堡作品的特点。有人会反对说有声诗（自行车铃铛声、洗衣机转动声和冰箱除霜声）根本不是诗，但至少从未来主义诗人开始，这些声音就已经成为现代诗歌中的多样化语言之一。

1993 年圣诞节前夕，德里克在日记中写道：“同时，生活的脚步也快结束了，谢天谢地。我真的有点厌倦了……”[1] 52 岁生日后 19 天里的某个时间点，他告诉柯林斯他渴望死亡来临。[2] 他的确在 1994 年 2 月 19 日实现了这个渴望。

关于德里克·贾曼这个人，有一点可以确定，他活得很充实，没有回避任何挑战，没有走寂静主义的道路，而

---

1 贾曼：《慢慢微笑》，第 385 页。
2 托尼·皮克：《德里克·贾曼》，第 532 页。

是努力为自己寻找和创造机会，他不满足于位列“艺术电影”的后位，坚持拍摄剧情片，在混乱的发行体系中，使出浑身解数尽量广泛地推广电影。他给我们留下多样的艺术遗产：他的电影，他的画作，他的著作，包括他的诗歌，他在展望小舍的花园。所有这些活动都或多或少地具有合作性质，包括他最后的一系列绘画作品，与他当时的助手皮尔斯·克莱蒙特（Piers Clemmet）或卡尔·林顿（Karl Lydon）一起上颜料。

《纽约时报》的艺术评论家前不久（2010 年 2 月）对近年来展出的艺术作品的品质表达了不满：

> 作为一个艺术家，目标应该是个性化和差异化，找到属于自己的声音。相反，我们得到的是一个又一个复制品……对 70 年代初的那些概念、程序、行为、装置和语言艺术的混合……所有这些都扣上了后现代主义的标签。
>
> 我们渐渐明白，像抽象表现主义、极简主义和波普艺术这样的主流风格，充其量不过是对其时代的简化。
>
> 我们缺少的是基于个人的强烈需要和他的双手的艺术。

很多年前，德里克就已经经历过这个思想阶段：在《以卵击石》（1987）关于艺术学校和个人主义的章节中，他反思了自己在 50 年代末 60 年代初所受的教育：

> 接下来我学到的事情是，我必须成为一个独立的个体，要独立，要成为我自己；你只能独自去做这件事。我在18岁的时候就默默地做得很好了。然后我去了斯莱德学校，在那里，我和数百万个被教化要成为自己的笨蛋一起；我加入了人群，我作为一个个体加入了人群中，这拥挤的人群都想成为个人。[1]

德里克提出的矛盾是如此尖锐，所有的矛盾都是围绕着“你只能独自去做这件事”和“被教化要成为自己的笨蛋”之间的矛盾。拒绝席卷而来的波普艺术（“冷气房中的Pop噩梦”）[2] 的过程中，他固执地坚持着个人的道路。这指明了他的绘画之路，德里克从《GHB》系列到他一生的全部产出中，正好呼应了那一句“基于个人的强烈需要和他的双手的艺术”。

相比之下，电影有赖于合作，而在这方面，德里克本能地摆脱了剧情片的惯例，即他不是那种在片场上被称为sir的霸道导演。1986年《方格》杂志关于《卡拉瓦乔》对他的采访中，他提到了传统的剧情片制作是“痛苦的工作”：“要靠电影导演去改变这一点，而我在《暴风雨》和这部电影中都尝试过这样做。我认为恢复威廉·莫里斯（William Morris）的这种哲学是非常重要的。”[3] 他解释说，

---

1 贾曼：《以卵击石》，第75页。
2 贾曼：《跳舞礁》，第122页。
3 英国电影学院，贾曼Ⅱ，条目17，《卡拉瓦乔》盒。

“这种哲学涉及到一种信念，即所有幸存下来的东西都体现了制作过程中人们对它的想法。”德里克自己在这方面的实践反映了他的信念，即艺术家需要重新定义这个身份，并将创造力传播出去。他这种工作方式最终建立了一种“流动的手艺工作室”（与他一起制作电影的人）。[1] 蒂尔达·斯文顿将他的工作方式定义为“前工业化的”[2]，从而将传统的工作室剧情片和工业化（相对于“手工艺的”）等同起来。德里克在接受艺术教育的时候（特别是在罗宾·诺斯科的指导下），如果没有遵循从沃尔特·佩特到威廉·莫里斯、埃里克·吉尔和尼古拉斯·佩夫斯纳的脉络，他是不可能完成这种教育的。在国王学院佩夫斯纳曾教过德里克，他关于现代建筑运动的书将威廉·莫里斯和包豪斯联系在一起；而我们之前已经看到，诺斯科在坎福德学校的艺术小屋上刻有埃里克·吉尔的语录。德里克是后现代/后法兰克福学派/后莫里斯领域中靠双手来制作艺术品的一个光辉典范，原本在这个领域中，“以意识形态为动机的制作方法才是主流”[3]。正如德里克所说：“毕竟，如果工作毫

1　制片人唐·博伊德将这段写进了《战争安魂曲》的前言，第7—10页。
2　蒂尔达·斯文顿，美国全国公共广播电台采访，奥斯汀广播，得克萨斯，2008年7月1日。
3　例如，琳达·帕里（Linda Parry）编著，《威廉·莫里斯》（*William Morris*），纽约，1996中诺曼·凯尔文（Norman Kelvin）和保罗·格林哈尔（Paul Greenhalgh）的文章，伦敦维多利亚和阿尔伯特博物馆（The Victoria and Albert Museum）举办的“1834—1896年的威廉·莫里斯”展览目录。引文来自保罗·格林哈尔收录在该目录中的文章“莫里斯之后的莫里斯”（Morris after Morris），第366页。

无乐趣，那它真的值得吗？”生命的最后时刻，他重申制作电影应该是一种乐趣，而且这个过程本身就是一种目的。[1]

对莫里斯来说，创造性的工作才是目标，他由此拒绝了其他形式的工作，将其仅仅作为达到目的的手段。他在1883年写道：“除非我们都能分享艺术，不然我们与艺术有什么关系？”莫里斯认为，美给人以愉悦；客体应该是美的；工作作为必需，就应该给人以愉悦；所有带着愉悦去做的工作都相当于艺术。因此，愉悦是由感官现象构成的，但也成为一种精神需求。诺曼・凯尔文认为：“把审美经验与愉悦甚至幸福等同起来，仍然是后现代主义的根源。”[2]德里克接受了所有这些准则，并在不同领域推动这些理所应当的准则去工作，德里克从他的美学中锻造出了一种伦理。

1 贾曼：《战争安魂曲》，第29页；克里斯・利帕德对贾曼的专访，1993年11月，参见《天使领路：德里克・贾曼的电影》，第166页。
2 诺曼・凯尔文：《阅读我们的莫里斯》(The Morris Who Reads Us)，参见琳达・帕里编著，《威廉・莫里斯》，第349页。

# 精选参考文献

本部分由我为写作这本书而查阅的资料组成，但未包含艾利斯[1]和斯托切克[2]的文献，因为它们当时还未出版。这部分无法涵盖写作本书的全部参考文献。1999 年前的文献请参考托尼·皮克的《德里克·贾曼》。本研究的一个重要部分是通过我多次造访邓杰内斯的展望小舍完成的，分别在 1989 年、1990 年、2009 年和 2010 年。

**未出版文献**


On-camera interview, Derek Jarman and Simon Field, included, dated 1989, in Zeitgeist Video DVD of *The Angelic Conversation* in *Glitterbox* (2008)

On-camera interview, Derek Jarman and Colin McCabe (British Film Institute, 1991)

On-camera interviews of Christopher Hobbs, Tilda Swinton, Simon Fisher Turner, Gaye Temple, on the *400 Blows* website

On-camera interviews of Toyah Willcox, Christopher Hobbs, Lee Drysdale, John Maybury, in *Jubilee: A Time Less Golden* (film by Spencer Leigh, 2003) in the Criterion Collection DVD of *Jubilee* (2003)

On-camera interviews of Nigel Terry, Derek Jarman, Karl Johnson,


---

1 指吉姆·艾利斯（Jim Ellis）的《德里克·贾曼的〈天使的对话〉》（*Derek Jarman's Angelic Conversations*），明尼阿波利斯，明尼苏达大学出版社，2009。（译者注）

2 指朱莉娅·斯托切克基金（JULIA STOSCHEK FOUNDATION）出版的贾曼超8实验电影作品首次综合回顾展（2010 年杜塞尔多夫四年展）的同名展览目录《德里克·贾曼：超级 8》（*Derek Jarman Super 8, Köln : Verlag der Buchhandlung Walther König*），2010。（译者注）

Tariq Ali, James Mackay; and *The Clearing* (Alex Bistikas, 1994), a short film featuring Derek Jarman, in the Zeitgeist Video DVD, *Glitterbox* (2008)

Conversations I had with Ruth Rosenthal, Clare Paterson, John Wyver, Andrew Logan, Tony Peake, Keith Collins, Richard Salmon, James Mackay, Kate Sorzana, Andrew Wilson, in 2009 and 2010

British Film Institute, archive of Derek Jarman's papers, at the time of my visit arranged into two catalogues, the Derek Jarman Main Catalogue and the Derek Jarman II Catalogue. My references follow this arrangement

### 已出版文章和书籍

Baxter, John, *An Appalling Talent: Ken Russell* (London, 1973)

Bersani, L., and U. Dutoit, *Caravaggio* (London, 1999)

Blake, William, *Milton* (Boulder, CO, and New York, 1978)

Brook, Peter, *The Empty Space* (New York, 1996 [1968])

Byron, George Gordon, *The Oxford Authors: Byron*, ed. J. J. McGann (Oxford and New York, 1986)

Clare, Anthony, *In the Psychiatrist's Chair* (London, 1992)

Deakin, Roger, *Notes from Walnut Tree Farm* (London, 2008)

Dillon, Steven, *Derek Jarman and Lyric Film: The Mirror and the Sea* (Austin, TX, 2004)

Ede, Laurie, *British Film Design: A History* (London, 2010)

Ellis, Jim, *Derek Jarman's Angelic Conversations* (London, 2009)

Ford, Ford Madox, *Some Do Not ... & No More Parades*, Afterword by Arthur Mizener (New York, 1964)

Ginsberg, Allen, *Howl and Other Poems* (San Francisco, 1956)

Girard, René, *La Violence et le sacré* (Paris, 1972)

Godwin, Joscelyn, *Robert Fludd: Hermetic Philosopher and Surveyor of Two Worlds* (London, 1979)

Hewison, Robert, *Future Tense: a new Art of the Nineties* (London, 1990)

Jarman, Derek, *A Finger in the Fishes Mouth* (Bettiscombe Press,

Dorset: 1972)
——, 'A Serpent in the form of a £', *Art Monthly*, 114 (March 1988)
——, *At Your Own Risk: A Saint's Testament*, ed. Michael Christie (New York, 1993)
——, *Blue: Text of a Film by Derek Jarman* (London, 1993)
——, *Chroma: A Book of Colour* (New York, 1995)
——, *Dancing Ledge*, ed. Shaun Allen (New York, 1993 [1984])
——, *Derek Jarman's 'Caravaggio': The Complete Film Script and Commentaries* (London, 1986)
——, *Derek Jarman's Garden* (London, 1995)
——, *Evil Queen: The Last Paintings* (Manchester, 1994)
——, *Kicking the Pricks* (London, 1996) First published as *The Last of England* (London, 1987)
——, *Modern Nature: The Journals of Derek Jarman* (London, 1991)
——, *Queer* (Manchester, 1992)
——, *Queer Edward II* (London, 1991)
——, *Smiling in Slow Motion*, ed. Keith Collins (London, 2000)
——, *Up in the Air: Collected Film Scripts* (London, 1996)
——, *War Requiem* (London, 1989)
——, Terry Eagleton and Colin McCabe, *Wittgenstein: The Terry Eagleton Script, the Derek Jarman Film* (London, 1993)
Kuhn, Annette, *Family Secrets: Acts of Memory and Imagination* (London and New York, 1995)
Le Carré, John, *A Murder of Quality: The Novel and Screenplay* (London, 1991)
Lippard, Chris, ed., *By Angels Driven: The Films of Derek Jarman* (Westport, CT, 1996)
MacFarlane, Robert, *The Wild Places* (London, 2007)
Marlowe, Christopher, *Edward II* (1592) in *The Complete Plays* (London, 1999)
Moore, G. E., 'Wittgenstein's Lectures in 1930 – 33', in *Aesthetics*,

ed. Harold Osborne (Oxford, 1972)

Monk, Ray, *Ludwig Wittgenstein: The Duty of Genius* (New York, 1990)

O'Pray, Michael, *Derek Jarman: Dreams of England* (London, 1996)

Parry, Linda, ed., *William Morris* (New York, 1996)

Peake, Tony, *Derek Jarman* (London, 1999)

Pencak, William, *The Films of Derek Jarman* (Jefferson, NC, 2002)

Pevsner, Nikolaus, and Alexandra Wedgwood, *The Buildings of England: Warwickshire* (Harmondsworth, 1966)

Poole, Mike and John Wyver, *Powerplays: Trevor Griffiths in Television* (London, 1984)

Rackham, Oliver, *Ancient Woodland, Its History, Vegetation and Uses in England*, new edn (Dalbeattie, 2003)

Röttgen, Herwarth, *Il Caravaggio: Ricerche e Interpretazione* (Rome, 1974)

Shakespeare, William, *The Tempest* (Shakespeare in Production), ed. Christine Dymkowski (Cambridge, 2000)

Staël, Anne-Louise Germaine de, *De l'Allemagne* (Paris, 1810)

Stoschek, Julia, et al., *Derek Jarman Super 8* (Cologne, 2010)

Van Sant, Gus, *Even Cowgirls Get the Blues & My Own Private Idaho* (London and Boston, 1993)

Vaughan, Keith, *Journals 1939–1977* (London, 1989)

Watney, Simon, *Policing Desire: Pornography, AIDS and the Media* (2nd edn, Minneapolis, MN, 1989)

Watney, Simon and Erica Carter, eds, *Taking Liberties* (London, 1989)

Wittgenstein, Ludwig, *Remarks on Colour* (Berkeley and Los Angeles, CA, 1977)

Wollen, Roger, ed., *Derek Jarman: A Portrait* (London, 1996)

Wymer, Rowland, *Derek Jarman* (Manchester, 2005)

# 致谢

非常感谢凯斯·柯林斯给予我的帮助。感谢詹姆斯·麦凯的帮助，尤其是在解释超 8 电影上。凯特·索尔扎纳（Kate Sorzana）、露丝·罗森塔尔、克莱尔·帕特森（Clare Paterson）、安德鲁·罗根、哈利法克斯的迪恩·克拉夫画廊（Dean Clough Galleries）的维克·艾伦（Vic Allan）、理查德·萨尔蒙、泰特美术馆的安德鲁·威尔逊（Andrew Wilson）、肯·巴特勒、玛利亚·斯庞特（Marya Spont）、萨莉·彭福德（Sally Penfold）和凯尔文·波西（Kelvin Pawsey）也都提供了真切的帮助。

德里克·贾曼著作中的语录，包括第 52 到 53 页[1]上的诗歌以及绘画作品，均获德里克·贾曼产权处（Derek Jarman Estate）的复制许可。

感谢托尼·皮克一如既往的帮助，感谢他写了贾曼传记《德里克·贾曼》，没有它，本书不可能出版。

感谢照明电视台（Illuminations Television）的约翰·怀佛，正如他所说：“给（我）一张过夜的床，赠（我）一些

1 英文原著页码。（译者注）

食物，完成（我）大部分研究!”萨莉·丁斯莫尔（Sally Dinsmore）和珍妮·韦伯（Jenny Webb）激发了我对贾曼及其工作的兴趣；当时在布里斯托大学的塔尼亚·斯金（Tania String）为我提供了一个进一步推广它的论坛，并促成我用好这一机会。

感谢德克萨斯大学奥斯汀分校美术学院的院长和艺术与艺术史系主任约翰·扬西（John Yancey）给予我的研究假，使我可以为写本书进行研究。休斯敦基金会（The Houston Endowment）和沃思堡金贝尔艺术基金会（The Kimbell Art Foundation of Fort Worth）为我的实地访问和研究活动提供了物质支持，我真诚地感谢他们以及我的同事杰弗里·奇普斯·史密斯（Jeffrey Chipps Smith）教授。

# 著译者

**作者** | 迈克尔·查尔斯沃思 MICHAEL CHARLESWORTH

得克萨斯大学奥斯汀分校艺术史教授。著有《19世纪英国和法国的风景与视觉》。

**译者** | 黄琼瑶

上海交通大学与法国巴黎先贤祠–索邦大学联合培养博士生，研究方向为美学和视觉文化。

图书在版编目（CIP）数据

德里克·贾曼 / (英) 迈克尔·查尔斯沃思著；黄琼瑶译.
-- 上海：上海文艺出版社, 2023
(知人系列)
ISBN 978-7-5321-8435-4
Ⅰ.①德… Ⅱ.①迈… ②黄… Ⅲ.①贾曼(Jarman,Derek 1942-1994)－传记
Ⅳ.①K835.615.78
中国版本图书馆CIP数据核字(2023)第022599号



发 行 人：毕　胜
责任编辑：曹　晴
封面设计：朱云雁

书　　名：德里克·贾曼
作　　者：[英] 迈克尔·查尔斯沃思
译　　者：黄琼瑶
出　　版：上海世纪出版集团　上海文艺出版社
地　　址：上海市闵行区号景路159弄A座2楼 201101
发　　行：上海文艺出版社发行中心
　　　　　上海市闵行区号景路159弄A座2楼206室 201101 www.ewen.co
印　　刷：浙江中恒世纪印务有限公司
开　　本：787×1092 1/32
印　　张：7.125
插　　页：3
字　　数：115,000
印　　次：2023年3月第1版 2023年3月第1次印刷
I S B N：978-7-5321-8435-4/K.459
定　　价：47.00元
告 读 者：如发现本书有质量问题请与印刷厂质量科联系　T: 0571-88855633

知人
Icons

## 知人系列

爱伦·坡：有一种发烧叫活着
塞林格：艺术家逃跑了
梵高：一种力量在沸腾
卢西安·弗洛伊德：眼睛张大点
阿尔弗雷德·希区柯克：他知道得太多了
大卫·林奇：他来自异世界
汉娜·阿伦特：活在黑暗时代

弗吉尼亚·伍尔夫
伊夫·克莱因
伦纳德·伯恩斯坦
兰波
塞缪尔·贝克特
约瑟夫·博伊斯
贝托尔特·布莱希特
德里克·贾曼
康斯坦丁·布朗库西

（即将推出）

可可·香奈儿

谢尔盖·爱森斯坦

三岛由纪夫

乔治亚·欧姬芙

马拉美

索伦·克尔凯郭尔

巴勃罗·聂鲁达

赫尔曼·麦尔维尔

伊戈尔·斯特拉文斯基

托马斯·曼

维克多·雨果